管理基础实训

王巧莲　赵胜男 ◎ 编著

清華大学出版社
北　京

内容简介

本书分为“管理工作”和“管理自我”两部分，共19个实训项目57个管理活动，对应提供实践思路和管理工具表单，供课上或课下实践参考应用，旨在通过“做中学”“做中教”的方式，训练学生的管理学经典方法应用能力，以及提升日常工作效能所需的通用管理技能和个人发展所需的自我管理技能。

第一部分“管理工作”针对日常工作中的关键管理环节（认知、决策、计划、组织、控制、领导），从组织、创业、就业3个视角，设计了13个实训项目39个实训活动。第二部分“管理自我”针对自我管理中的重点疑难问题（探知自己的优势、情绪、认知模式和管理自己的行为、发展、时间），设计了6个实训项目18个实训活动。

本书为活页式实训教材，可作为工商管理类、公共管理与服务类专业开设的管理学课程的实训教材，也可作为从业人员在新员工阶段工作和发展过程中提升通用基础管理技能和自我管理技能的操作参考书。

图书在版编目(CIP)数据

管理基础实训/王巧莲，赵胜男编著. —北京：清华大学出版社，2023.8
ISBN 978-7-302-64380-7

Ⅰ. ①管… Ⅱ. ①王… ②赵… Ⅲ. ①管理学 Ⅳ. ①C93

中国国家版本馆CIP数据核字(2023)第149826号

责任编辑：王　青
封面设计：汉风唐韵
责任校对：宋玉莲
责任印制：宋　林

出版发行：清华大学出版社
网　　址：http://www.tup.com.cn，http://www.wqbook.com
地　　址：北京清华大学学研大厦A座　　**邮　　编**：100084
社 总 机：010-83470000　　**邮　　购**：010-62786544
投稿与读者服务：010-62776969，c-service@tup.tsinghua.edu.cn
质量反馈：010-62772015，zhiliang@tup.tsinghua.edu.cn
印 装 者：三河市少明印务有限公司
经　　销：全国新华书店
开　　本：185mm×260mm　　**印　　张**：15　　**字　　数**：345千字
版　　次：2023年8月第1版　　**印　　次**：2023年8月第1次印刷
定　　价：49.00元

产品编号：095622-01

前　言

管理来源于实践，又应用于实践。每一个人的工作、生活和关系都需要管理。为适应社会就业岗位通用基础管理技能要求、就业创业关键环节的管理技能需求，以及个人成长发展中的自我管理能力提升需求，使组织和我们卓有成效，我们需要学习如何高效地管理工作和管理自己。

本书立足于在实践中学习管理，共设计了19个实训项目57个管理活动，分为“管理工作”和“管理自我”两部分。两部分可交叉使用，相互支撑，辅助管理者在实践中提升管理技能。

第一部分“管理工作”针对日常工作中的关键管理环节(认知、决策、计划、组织、控制、领导)，从组织、创业、就业3个视角分条线设计实训活动，提供实训思路和管理工具表单，供课上或课下管理实训参考应用。第二部分“管理自我”针对自我管理中的重点疑难问题(探知自己的优势、情绪、认知模式和管理自己的行为、发展、时间)，提供管理实践思路和操作表单，供课上或课下自我管理实践参考应用。

本书采用项目式结构和活页式形式，方便独立使用或交叉实训使用。在每个实训项目中提供项目说明页(实训目标、内容、资源、评价说明)、项目操作页(实训主题、任务、步骤或工具表单)、项目评价页(总结归纳、团队评价、个人评价)，整体设计体现PDCA闭环管理，潜移默化地训练管理思维。在每个实训活动中提供任务要求、管理思路，嵌入经典管理方法的应用环节，培养解决问题的管理思维。

本书是由北京劳动保障职业学院劳动经济与管理学院教师王巧莲与企业管理专家赵胜男共同完成的。由赵胜男梳理提出企业所招聘的新员工应该掌握的基础管理方法、具备的管理素养和自我管理意识，由王巧莲基于课堂教学和实训模式，对应设计方便教学应用的实训项目和实训活动。同时，为保证教材的实用性，编者进行了大量的调研和课堂教学实践，并邀请学生使用和提供个别实践样例作为参考。本书是管理学实训教材，管理学相关理论方法的讲解详见国家教学资源库课程“管理学：基础与实训”所属资源，面向院校师生、企业用户、社会用户共享，可扫描右侧二维码免费注册使用。

本书适用于高等院校管理类专业开设的管理学课程线上线下混合式教学，辅助学生在管理实践中提升工作过程中所需的基础管理技能、就业创业过程中所需的关键管理技能和自我管理技能，同时适用于企业新员工参考提升日常工作中的基础管理技能和自我管理技能。

由于编者水平有限，书中难免存在不完善之处，敬请各位读者将使用过程中发现的问题反馈给我们，以便再版时进行修订，非常感谢！

2023年5月12日

教材整体设计说明

管理实践产生于日常工作、生活中，自我管理是参与和管理组织工作的重要基础。因此，本书的整体设计分为“管理工作”和“管理自我”两个部分。

书中共有57个管理实践活动，供课堂实训选用和参考，在每个活动中提供对应管理工具表格或样例，体现管理思路、实践步骤，引导学生多角度思考，培养学生的管理思维，辅助学生开展实践、产出管理成果。本书的整体设计逻辑如下页图所示，其中：

一、管理工作

主要训练管理基础技能，分为认知、决策、计划、组织、控制、领导6个部分，共计13个实训项目，每个项目包含3个实践活动，从3个常见的管理对象角度设计，包括：

■ 管理对象①：组织。应用管理工具解决工作中遇到的问题。

■ 管理对象②：创业。应用管理工具解决创业设计中的问题。

■ 管理对象③：就业。应用管理工具解决就业发展中的问题。

二、管理自我

应用管理技能管理自我，分为认知、发展两个部分，共计6个实践项目，每个项目包含3个实践活动，从探知现状、设计目标、应用发展3个管理环节的角度设计，包括：

■ 实践环节①：了解成长和发展的现状。

■ 实践环节②：探索成长和发展的目标。

■ 实践环节③：设计并实施行动方案，促进成长与发展。

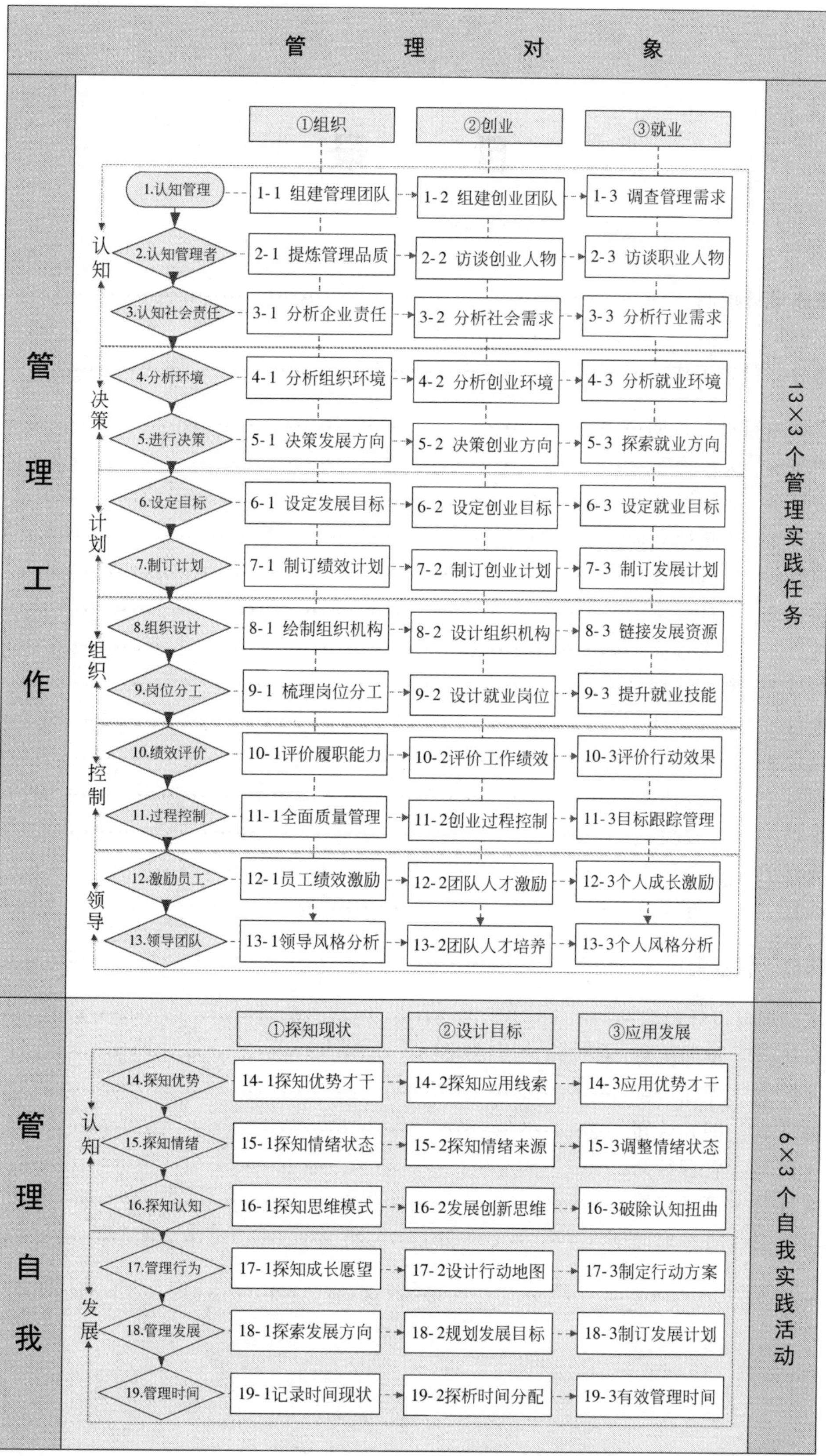

管 理 对 象
管理工作
13×3个管理实践任务
①组织
②创业
③就业
认知
1.认知管理
1-1 组建管理团队
1-2 组建创业团队
1-3 调查管理需求
2.认知管理者
2-1 提炼管理品质
2-2 访谈创业人物
2-3 访谈职业人物
3.认知社会责任
3-1 分析企业责任
3-2 分析社会需求
3-3 分析行业需求
决策
4.分析环境
4-1 分析组织环境
4-2 分析创业环境
4-3 分析就业环境
5.进行决策
5-1 决策发展方向
5-2 决策创业方向
5-3 探索就业方向
计划
6.设定目标
6-1 设定发展目标
6-2 设定创业目标
6-3 设定就业目标
7.制订计划
7-1 制订绩效计划
7-2 制订创业计划
7-3 制订发展计划
组织
8.组织设计
8-1 绘制组织机构
8-2 设计组织机构
8-3 链接发展资源
9.岗位分工
9-1 梳理岗位分工
9-2 设计就业岗位
9-3 提升就业技能
控制
10.绩效评价
10-1评价履职能力
10-2评价工作绩效
10-3评价行动效果
11.过程控制
11-1全面质量管理
11-2创业过程控制
11-3目标跟踪管理
领导
12.激励员工
12-1员工绩效激励
12-2团队人才激励
12-3个人成长激励
13.领导团队
13-1领导风格分析
13-2团队人才培养
13-3个人风格分析
管理自我
6×3个自我实践活动
①探知现状
②设计目标
③应用发展
认知
14.探知优势
14-1探知优势才干
14-2探知应用线索
14-3应用优势才干
15.探知情绪
15-1探知情绪状态
15-2探知情绪来源
15-3调整情绪状态
16.探知认知
16-1探知思维模式
16-2发展创新思维
16-3破除认知扭曲
发展
17.管理行为
17-1探知成长愿望
17-2设计行动地图
17-3制定行动方案
18.管理发展
18-1探索发展方向
18-2规划发展目标
18-3制订发展计划
19.管理时间
19-1记录时间现状
19-2探析时间分配
19-3有效管理时间

目　　录

第一部分　管 理 工 作

实训项目设计说明

管理工作包括认知、决策、计划、组织、控制、领导 6 个部分，共计 13 个实训项目(如图 1-1 所示)，侧重从管理的 6 个关键环节开展实训，帮助学生掌握各环节的基础管理方法和管理工具。

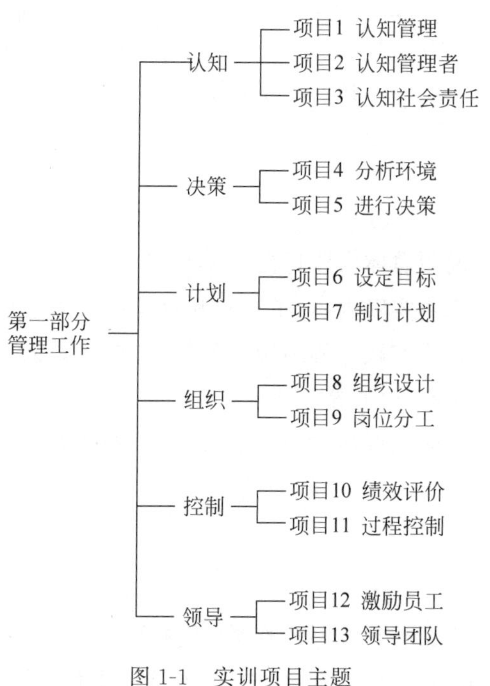

图 1-1　实训项目主题

每个实训项目包括 3 个实践任务，分别从组织、创业、就业 3 个管理需求角度设计，帮助学生通过日常管理实践活动训练提升管理意识和管理技能水平，并引导学生从创业者、就业者等不同视角思考管理、实践管理。其中：

■ 项目任务 1：从“组织”的角度，应用管理工具解决在日常工作中遇到的问题。

【组织方式】建议围绕日常管理工作任务，以 5～8 人为一组，模拟内设公司组织架构形式，以团队形式开展日常管理工作，深度体验管理环境，提升团队合作能力。

■ 项目任务 2：从“创业”的角度，应用管理工具支撑创业项目部分内容的设计。

【组织方式】建议围绕创业项目设计内容，以创业团队为单位，队长带领队员，围绕本团队创业设计方向，应用基础管理工具开展创业部分内容的设计。

■ 项目任务 3：从“就业”的角度，应用管理工具解决个人就业与职业发展问题。

【组织方式】建议围绕个人就业发展需求，以个人实践为主、自由讨论为辅，应用基础管理工具开展就业实践、个人成长和发展实践。

每个实训项目包括项目说明页、项目操作页、项目评价页 3 部分，如图 1-2 所示：

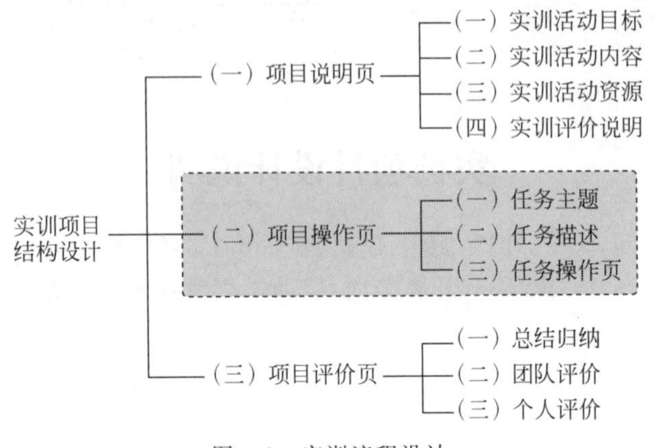

图 1-2　实训流程设计

一、项目说明页

（一）实训活动目标：说明总体实践目标。

（二）实训活动内容：说明实践内容、子目标和对应形成的成果清单。

（三）实训活动资源：说明实践过程中用到的知识方法，以及对应线上教学资源库平台提供的电子资源，如微课、视频、动画等。

（四）实训评价说明：说明实践活动完成后，需要开展的评估总结的内容。

二、项目操作页

（一）任务主题

（二）任务描述：任务类型包括实际操作类、案例分析类等。结合实训目标，以故事、案例、工作步骤等形式说明在什么工作场景下需要做这项工作以及工作方法，便于学生了解“为什么做”和“做什么”。

（三）任务操作页：空白或提供建议的操作指引步骤、工具表等。

注：学生可以在操作页设计、填写、讨论完善、拍照提交。如果在实训室(有电脑)，则可以应用 Excel 技能制作电子操作单，以附件形式提交作业。

三、项目评价页

（一）总结归纳：梳理整体工作流程，总结说明履职关键点。

（二）团队评价：团队开展自我评价反馈，分为 A＋＋、A＋、A、B 四个评价等级：

- A＋＋：说明亮点，总结分享经验。
- A＋：代表正常完成，无须特殊说明。
- A：说明需要改进的部分或难点，便于探讨解决与改进的方法。
- B：说明未完成原因。

（三）个人评价：团队成员内部贡献评估，说明团队成员在完成整体项目任务过程中各自承担的工作，并对应评价内部贡献值，以团队总分100分为标准进行贡献值分配，作为最终项目总成绩在团队内部二次分配的依据。

项目1 认知管理

(一) 实训活动目标

通过了解管理及身边的管理需求,组建团队,深入体验管理目标及管理环境,为后续管理实践活动奠定组织基础。

(二) 实训活动内容

管理实训技能点	成果清单
■ 需求分析	■ 团队建设方案
■ 组建团队	
■ 优势分工	

(三) 实训活动资源

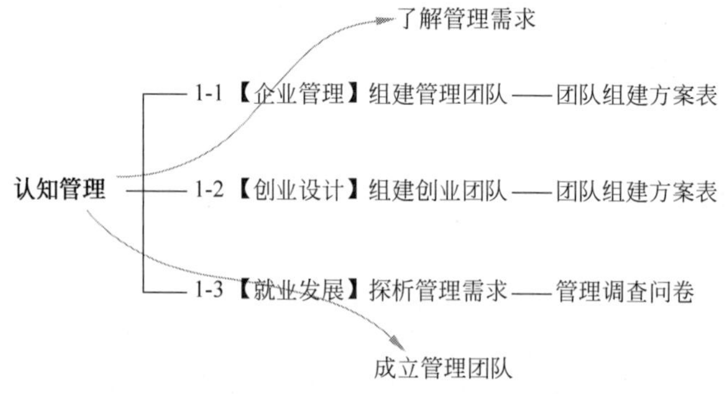

(四) 实训评价说明

本项目实训活动结束后,请在"项目评价页"完成:

■ 总结归纳:总结工作流程与履职关键点。

■ 团队评价:围绕团队在实训过程中的表现,讨论填写自评等级和说明。若非团队实训活动,则由本人直接在实训操作页底部填写自评等级和说明。

■ 个人评价:说明团队内成员分工,填写对应的贡献值(按照团队总分100分进行内部贡献分配),作为团队成绩在内部进行二次分配的依据。

任务编号：1-1 **实训时间：** ________

任务主题	1-1 【企业管理】组建管理团队
任务描述	围绕管理实践需求，组建团队，模拟公司架构，设置总经理等职位，以所组建的团队为单位，开展各类管理项目实训活动。 第一步：设计团队建设方案，包括公司名称、愿景、口号等，讨论分析成员特点，分管不同的部门业务，进行人事匹配。 第二步：选拔公司总经理，也可采取轮岗制，围绕公司愿景讨论：应该选择什么样的管理者出任总经理（从知识、技能、素质、才干等角度），或总经理怎么做才能更好地推进公司发展（管理实践），说明各自的选择意向及推选理由，并集体讨论决策。
任务操作页	

【1】 团队组建方案表

公司名称	
公司愿景	
公司成员介绍 （姓名/优势/初步分工）	
管理目标	

任务操作页	
【2】 讨论记录：	
自我评价	□A++ □A+ □A □B 说明：

<（二）项目操作页>

任务编号：1-2

实训时间：______

任务主题	1-2 【创业设计】组建创业团队
任务描述	围绕创业项目设计需求，组织成立创业项目设计团队并以该团队为单位，开展创业项目设计实践。 第一步：选拔团队的管理者，即创业团队队长，并邀请1～2名指导老师加入团队。（可不限于本班同学。） 第二步：围绕“创业项目设计书”内容要求及相关工作，结合团队人员特点、优势等，初步讨论工作分工。
任务操作页	

【1】 团队组建方案表

项目计划名称	
项目计划目标	
团队成员介绍 （姓名/优势/初步分工）	
创业初步目标	

自我评价	□A++ □A+ □A □B 说明：

任务操作页	
【2】 讨论记录：	
自我评价	□A++　□A+　□A　□B　　说明：

任务编号：1-3 **实训时间：**______

任务主题	1-3 【就业发展】探析管理需求
任务描述	开展管理需求调查，结合本人日常学习、生活、就业发展等需求，存在的问题或不满意的地方，了解并梳理个人管理需求。 第一步：填写管理调查问卷。 第二步：探讨管理调查结果，整合形成个人管理清单，初步确定优先排序，为后续管理实践活动确定初步的目标方向。
任务操作页	
【1】 填写管理调查需求问卷，记录个人管理提升需求（可扫描下方二维码，获取问卷样例，仅供参考）： 问卷	
自我评价	□A++ □A+ □A □B 说明：

任务操作页	
【2】 团队管理提升需求梳理记录：	
自我评价	□A++ □A+ □A □B 说明：

项目1　认知管理

（一）总结归纳：工作流程与履职关键点（思维导图）

（二）团队评价：团队绩效表现自我评估

■ 自评等级：□A＋＋　□A＋　□A　□B

■ 自评说明：

（三）个人评价：团队成员内部贡献评估

姓名	分工	贡献值

注：按照团队总分100分的标准，进行贡献值分配。

项目2 认知管理者

(一)实训活动目标

通过优秀管理者品质提炼,明确个人管理能力提升的目标和方向,进一步明确管理实践中人的重要意义,为管理能力提升提供目标引导。

(二)实训活动内容

管理实训技能点	成果清单
■ 优秀管理者品质提炼	■ 管理者品质列表
■ 优秀创业者品质提炼	
■ 优秀职员特质分析	

(三)实训活动资源

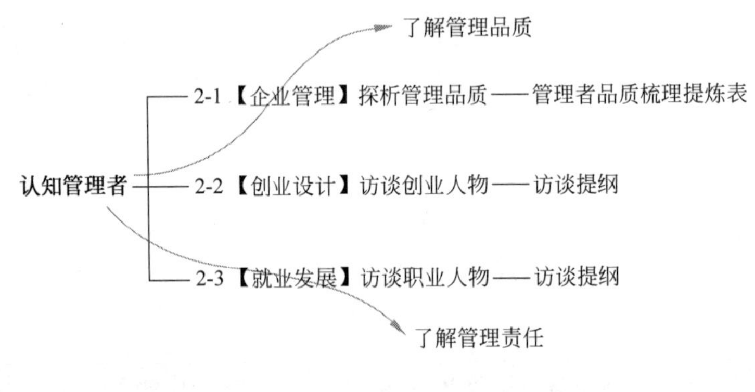

(四)实训评价说明

本项目实训活动结束后,请在“项目评价页”完成:

■ 总结归纳:总结工作流程与履职关键点。

■ 团队评价:围绕团队在实训过程中的表现,讨论填写自评等级和说明。若非团队实训活动,则由本人直接在实训操作页底部填写自评等级和说明。

■ 个人评价:说明团队内成员分工,填写对应的贡献值(按照团队总分100分进行内部贡献分配),作为团队成绩在内部进行二次分配的依据。

<（二）项目操作页>

任务编号：2-1

实训时间：______

任务主题	2-1 【企业管理】探析管理品质
任务描述	围绕你最崇拜/喜欢的1～2位管理者（注：不限时间、空间、组织类型、组织大小等）： 第一步：分享这位管理者的小故事，说明为什么喜欢；谈谈该管理者对自己的影响。梳理并提炼该管理者的管理品质特征。 第二步：综合大家分享的管理者，同类合并归纳优秀管理者应具备的品质。 第三步：思考自己具有哪些可以优先通过管理训练发挥或提升的相关的优势品质。

任务操作页

【1】 管理者品质梳理提炼表（样例）

管理者	所在组织	典型优秀管理案例（简介）	管理者品质

提炼优秀管理者品质

<table>
<tr><td colspan="2">任务操作页</td></tr>
<tr><td colspan="2">【2】 讨论记录：</td></tr>
<tr><td>自我评价</td><td>□A++　□A+　□A　□B　　说明：</td></tr>
</table>

<（二）项目操作页>

任务编号：2-2

实训时间：______

任务主题	2-2 【创业设计】访谈创业人物
任务描述	第一步：围绕感兴趣的行业或产品，访谈 1～2 名创业者，了解其创业动机、创业经历、创业体验等。 第二步：整合、分享创业人物故事以及创业者品质。
任务操作页	

【1】 访谈提纲（样例）

创业者的基本情况	
您的创业动机	
您的创业经历	
您认为具备了什么条件才能创业	
简单概括一些您能成功创业的关键	
谈谈您个人的性格、品质与创业成功的关系	
您最想告诉想要创业的人的创业经验和教训是什么？	

<（二）项目操作页>

任务操作页	
公司部分：	
创业的项目是什么？是如何分析前景的？	
创业的最大优势是什么？	
创业项目所在的行业状况，当时和现在的状况分别是什么样的？	
创业过程中遇到的最大困难和障碍是什么？是如何解决的？	
如何让更多的人愿意和敢于加入创业队伍？	
自我评价	□A＋＋　□A＋　□A　□B　说明：

<（二）项目操作页>

任务操作页	
【2】 访谈记录：	
自我评价	□A++ □A+ □A □B 说明：

<(二)项目操作页>

实训时间：________

任务编号：2-3

任务主题	2-3 【就业发展】访谈职业人物
任务描述	第一步：围绕感兴趣的行业或职业，访谈1～2位在职管理者，了解行业、职业情况，包括行业发展趋势、人才需求趋势、对人才的要求、岗位工作内容、岗位发展通道等。 第二步：编辑、分享职业人物访谈视频，供感兴趣的同学了解相关职业，拓展就业发展视野。
任务操作页	

【1】 访谈提纲(样例)

行业/职业名称	
访谈对象基本情况	
所在行业/职业现状及发展趋势，对人才的需求趋势	
职业日常工作内容	

从事该职业的人日常的一天是怎样度过的	
职业发展通道 发展需要具备的职业素养有哪些	
职业中遇到过的困难，以及是如何应对的	
职业过程中个人优势发挥点、价值观契合点	
职业幸福感的来源	
若想进入该行业或从事该职业，需要做的准备有哪些	
自我评价	□A++　□A+　□A　□B　说明：

任务操作页	
【2】 访谈提纲设计与访谈记录：	
自我评价	□A++　□A+　□A　□B　　说明：

项目2　认知管理者

（一）总结归纳：工作流程与履职关键点（思维导图）

（二）团队评价：团队绩效表现自我评估

■ 自评等级：□A＋＋　□A＋　□A　□B

■ 自评说明：

（三）个人评价：团队成员内部贡献评估

姓名	分工	贡献值

注：按照团队总分100分的标准，进行贡献值分配。

项目 3　认知社会责任

(一) 实训活动目标

通过社会发展需求分析，了解社会需求痛点、企业的社会责任，明确团队管理方向和初步目标，为管理发展提供方向引导。

(二) 实训活动内容

管理实训技能点	成果清单
■ 社会责任分析	■ 社会责任梳理表
■ 社会需求分析	
■ 行业需求分析	

(三) 实训活动资源

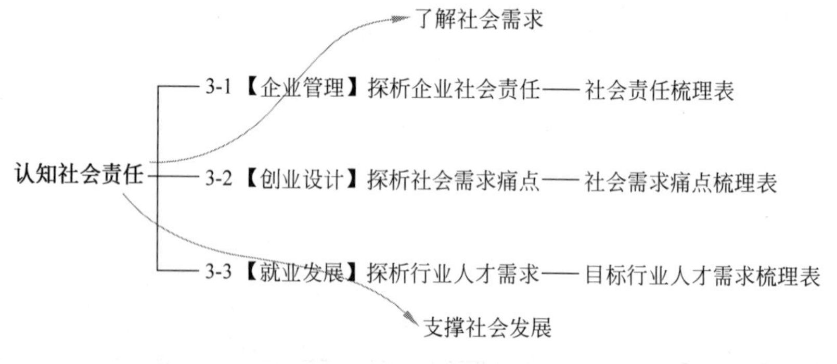

(四) 实训评价说明

本项目实训活动结束后，请在“项目评价页”完成：

■ 总结归纳：总结工作流程与履职关键点。

■ 团队评价：围绕团队在实训过程中的表现，讨论填写自评等级和说明。若非团队实训活动，则由本人直接在实训操作页底部填写自评等级和说明。

■ 个人评价：说明团队内成员分工，填写对应的贡献值(按照团队总分 100 分进行内部贡献分配)，作为团队成绩在内部进行二次分配的依据。

任务编号：3-1 **实训时间：________**

任务主题	3-1 【企业管理】分析企业社会责任
任务描述	第一步：围绕你喜欢的优秀企业或行业，谈谈为什么喜欢，并从企业环境、服务的消费群体、社会需求、企业性质类型（国企/民营……，医疗/能源……）、不同社会发展阶段（改革开放、疫情防控……）等角度，分析不同类型企业承担了哪些社会责任。 第二步：选择一家企业的典型的社会责任事件，做分享。
任务操作页	

【1】 社会责任梳理表（样例）

企业	核心产品或服务	喜欢的原因	所承担的社会责任	关键领导者及其品质

任务操作页	
【2】 讨论记录：	
自我评价	□A++　□A+　□A　□B　　说明：

任务编号：3-2 **实训时间：________**

任务主题	3-2 【创业设计】分析社会需求痛点
任务描述	第一步：围绕社会政策导向、社会热点问题、特殊群体日常需求等维度，梳理社会痛点问题，分析问题根源以及相关产品或服务需求。 第二步：围绕产品或服务需求，探讨本团队成员可以发挥的优势，如专业优势、成员经验优势、相关资源优势等。 第三步：结合以上内容，讨论优先排序，选择1～2个大家感兴趣且可以发挥专业优势来尝试解决的社会痛点，作为项目创业背景内容，打造产品/服务雏形，确定本团队的创业项目服务群体及设计方向。

任务操作页

【1】 社会需求痛点梳理表（样例）

维度	对应社会痛点	问题根源剖析	产品/服务需求探索	团队优势发挥	排序
社会政策导向					
社会热点问题					
特殊群体需求					
……					

<table>
<tr><td colspan="2">任务操作页</td></tr>
<tr><td colspan="2">【2】讨论记录：</td></tr>
<tr><td>自我评价</td><td>□A++ □A+ □A □B 说明：</td></tr>
</table>

任务编号：3-3 **实训时间：**______

任务主题	3-3 【就业发展】分析行业人才需求
任务描述	第一步：围绕个人理想，或本专业对接的行业，或熟悉的行业，选择 1～3 个感兴趣的行业； 第二步：广泛搜集该行业相关职位人才的招聘需求情况，以及相关的社会政策支持（可借助招聘网站、学职平台等网站）； 第三步：结合个人优势在各行业可以发挥的方面或程度，排序筛选出自己就业发展中可以优先考虑的方向。

任务操作页

【1】 目标行业人才需求梳理表（样例）

行业	人才需求量	任职要求	社会政策支持	个人优势发挥方面	排序

任务操作页	
【2】 讨论记录：	
自我评价	□A++　□A+　□A　□B　说明：

项目3　认知社会责任

(一) 总结归纳：工作流程与履职关键点(思维导图)

(二) 团队评价：团队绩效表现自我评估

■ 自评等级：□A＋＋　□A＋　□A　□B

■ 自评说明：

(三) 个人评价：团队成员内部贡献评估

姓名	分工	贡献值

注：按照团队总分100分的标准，进行贡献值分配。

项目4 分析环境

(一)实训活动目标

熟练应用SWOT矩阵、波特五力模型等管理工具,梳理分析环境信息,探讨环境变化影响,进一步明确发展前景和核心竞争力,为管理发展提供决策支持。

(二)实训活动内容

管理实训技能点	成果清单
■ 环境信息——搜集梳理	■ SWOT矩阵分析图 ■ 竞品对比分析表
■ SWOT矩阵——分析环境	
■ 波特五力模型——分析竞争环境	

(三)实训活动资源

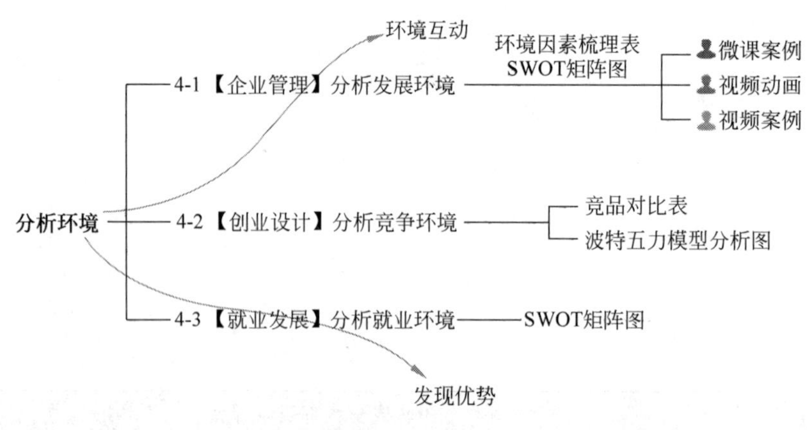

(四)实训评价说明

本项目实训活动结束后,请在"项目评价页"完成:

■ 总结归纳:总结工作流程与履职关键点。

■ 团队评价:围绕团队在实训过程中的表现,讨论填写自评等级和说明。若非团队实训活动,则由本人直接在实训操作页底部填写自评等级和说明。

■ 个人评价:说明团队内成员分工,填写对应的贡献值(按照团队总分100分进行内部贡献分配),作为团队成绩在内部进行二次分配的依据。

<（二）项目操作页>

任务编号：4-1

实训时间：______

任务主题	4-1 【企业管理】分析发展环境
任务描述	围绕感兴趣的企业、产品、服务，收集相关的环境信息，预测和解释环境变化可能带来的影响，试着探索未来的战略发展方向。
任务操作页	

【1】 分析对象：你感兴趣的企业、产品、服务：______

【2】 环境因素梳理表：收集梳理相关的环境信息。

分类		机会 O(Opportunities)	威胁 T(Threats)
外部环境	宏观环境 微观环境		
分类		优势 S(Strengths)	劣势 W(Weaknesses)
内部条件	经营条件 组织文化		

任务操作页

【3】 SWOT 矩阵图：分析环境

S	W
O	T

<table>
<tr><td colspan="2">任务操作页</td></tr>
<tr><td colspan="2">【4】 讨论记录：基于环境分析，预测和解释环境变化对产品、服务的影响，探索未来的战略发展方向。</td></tr>
<tr><td>自我评价</td><td>□A++　□A+　□A　□B　说明：</td></tr>
</table>

任务编号：4-2 **实训时间：**________

任务主题	4-2 【创业设计】分析竞争环境
任务描述	围绕创业团队计划的业务、产品、服务，收集相关的环境信息，预测和解释环境变化可能带来的影响，探索未来的战略发展方向。

任务操作页

【1】 服务对象：创业团队计划提供的核心业务、产品、服务及对应服务的客户群体。

____

【2】 竞品对比：针对同类业务、产品、服务，简单对比分析各自的优势和劣势，挖掘核心竞争力。

分类	竞品 1	竞品 2	竞品 3
公司及产品名称			
优势			
劣势			

自我评价	□A++ □A+ □A □B 说明：

任务操作页

【3】 前景分析：应用波特五力模型分析团队创业产品的竞争环境

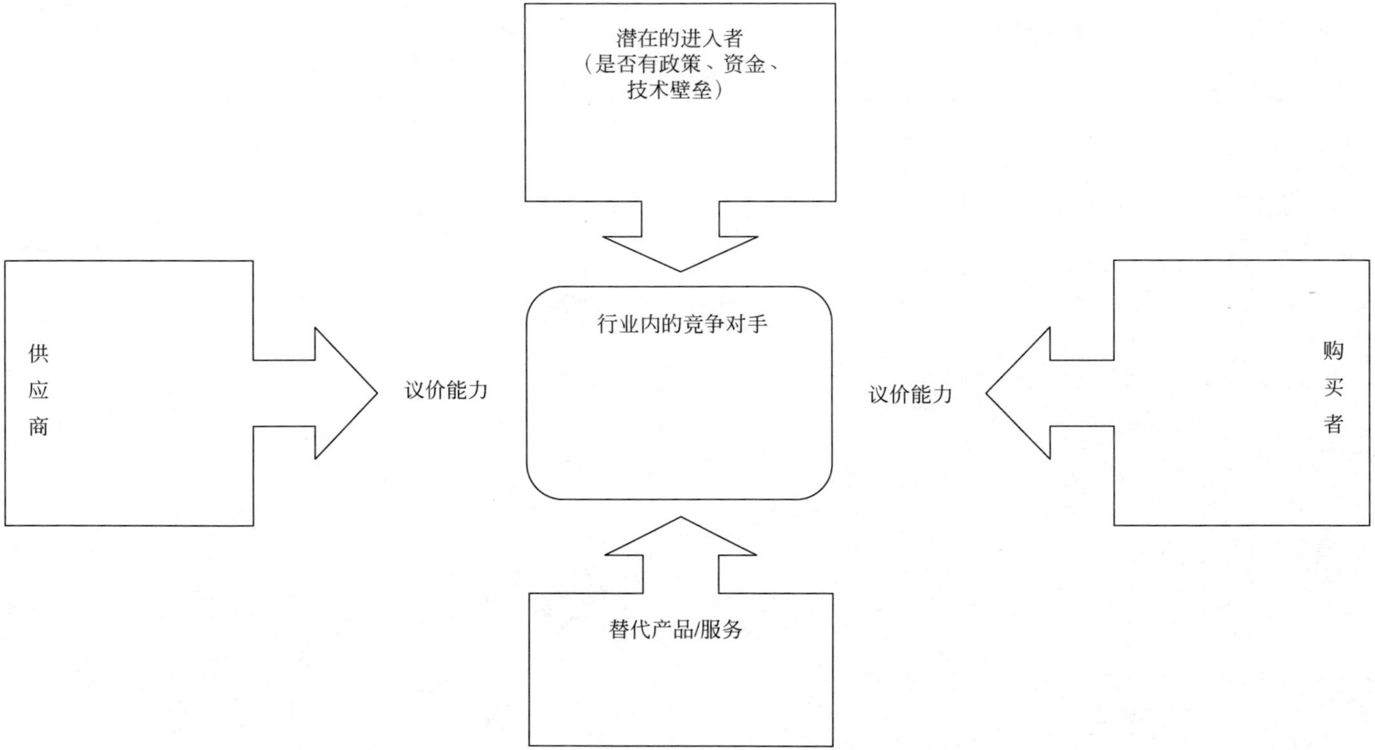

潜在的进入者
（是否有政策、资金、
技术壁垒）

供应商

议价能力

行业内的竞争对手

议价能力

购买者

替代产品/服务

任务操作页	
【4】 讨论记录：基于环境分析，预测和解释环境变化对产品、服务的影响，探索未来的战略发展方向。	
自我评价	□A++ □A+ □A □B 说明：

任务编号：4-3 **实训时间：________**

任务主题	4-3 【就业发展】分析就业环境
任务描述	选择 1～2 项个人就业行业/职业方向，广泛收集相关行业市场需求、要求等就业环境信息，预测和解释环境变化可能给未来就业带来的影响，结合个人实际情况，应用 SWOT 矩阵分析就业环境，探索未来的求职方向和范围。
任务操作页	
【1】 分析对象：1～2 项个人就业行业/职业方向：________ 【2】 SWOT 矩阵图：分析环境 S W O T	
自我评价	□A＋＋ □A＋ □A □B 说明：

<table>
<tr><td colspan="2">任务操作页</td></tr>
<tr><td colspan="2">【3】 讨论记录：基于环境分析，预测和解释环境变化对个人就业前景的影响，探索未来的求职方向和范围。</td></tr>
<tr><td>自我评价</td><td>□A++　□A+　□A　□B　　说明：</td></tr>
</table>

项目4 分析环境

(一)总结归纳:工作流程与履职关键点(思维导图)

(二)团队评价:团队绩效表现自我评估

■ 自评等级:□A++ □A+ □A □B

■ 自评说明:

(三)个人评价:团队成员内部贡献评估

姓名	分工	贡献值

注:按照团队总分100分的标准,进行贡献值分配。

项目5　进行决策

(一) 实训活动目标

熟练应用定性、定量决策方法，分析影响因素的重要程度，进一步预测各选择方案的发展前景，做出更有效的管理决策。

(二) 实训活动内容

管理实训技能点	成果清单
■ 盈亏平衡分析	■ 发展决策方向
■ 决策树	
■ 决策平衡单	

(三) 实训活动资源

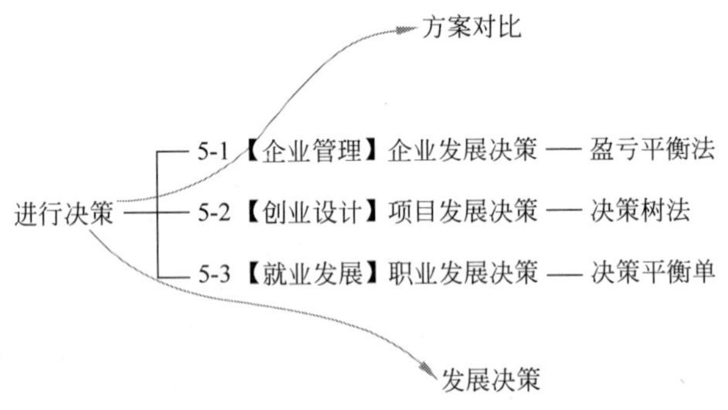

(四) 实训评价说明

本项目实训活动结束后，请在"项目评价页"完成：

■ 总结归纳：总结工作流程与履职关键点。

■ 团队评价：围绕团队在实训过程中的表现，讨论填写自评等级和说明。若非团队实训活动，则由本人直接在实训操作页底部填写自评等级和说明。

■ 个人评价：说明团队内成员分工，填写对应的贡献值(按照团队总分100分进行内部贡献分配)，作为团队成绩在内部进行二次分配的依据。

任务编号：5-1 **实训时间：**________

任务主题	5-1 【企业管理】企业发展决策——盈亏平衡分析
任务描述	某工厂要推销甲产品，预计单位产品售价为 1 200 元，单位产品可变成本为 700 元，每年所需固定费用为 1 800 万元。 ① 盈亏平衡时的产量是多少？ ② 当企业现有生产能力为 50 000 台时，每年可获利多少？ ③ 为扩大生产规模，需添置一些设备，每年需增加固定成本 400 万元，同时可节约可变成本每台 100 元，为扩大销路，计划降低售价 10%，问此方案是否可行？
任务操作页	

<table>
<tr><td colspan="2">任务操作页</td></tr>
<tr><td colspan="2"></td></tr>
<tr><td>自我评价</td><td>□A++　□A+　□A　□B　　说明：</td></tr>
</table>

任务编号：5-2　　　　**实训时间：**＿＿＿＿

任务主题	5-2 【创业设计】项目发展决策——决策树法
任务描述	我们的奶茶店为了提升市场竞争力，突出产品设计差异化优势，拟推出三款奶茶新品。通过广泛的市场调研，我们预测可能会面临 4 种销售前景，各种前景的概率和损益值估算如下表所示(单位：万元)：（见下表） 请用决策树法进行决策，选择推出哪款新品更有利于奶茶店的发展。 决策流程参考：绘制决策树→计算损益值→剪枝决策
任务操作页	

方案	概率			
	卖得好 0.5	卖得一般 0.3	卖得差 0.1	卖得极差 0.1
甲	50	25	−25	−45
乙	70	30	−40	−80
丙	30	15	−5	−10

<（二）项目操作页>

任务操作页	
自我评价	□A++　□A+　□A　□B　说明：

任务编号：5-3　　　　**实训时间：**＿＿＿＿

<table>
<tr><td>任务主题</td><td>5-3 【就业发展】职业发展决策——决策平衡单</td></tr>
<tr><td>任务描述</td><td>围绕在上节环境分析后初步确定的行业范围，选出 2～3 种你最心仪又纠结的职业选择，应用“【3】决策平衡单”尝试决策聚焦发展方向。
第一步：列出所有选择。
第二步：结合环境分析、探知优势等，整合影响你做出选择的关键因素，逐项确认重要性，建议用 1～5 分做重要程度打分。
第三步：针对每一个选择，从－10 到＋10 打出该选择在各个因素方面的得失分(类似企业管理中的“损益值”)。
第四步：计算各选项的加权总分，并探讨你对结果的看法。
(注：分数高不代表该选择“绝对正确”，仅供协助梳理你自己的偏好的参考，没有完美的选择。)</td></tr>
<tr><td colspan="2">任务操作页</td></tr>
<tr><td colspan="2">【1】 选择：

【2】 影响因素：

</td></tr>
</table>

任务操作页

【3】 决策平衡单：

		选项 1：		选项 2：		选项 3：	
影响因素	重要度	分数	加权分数	分数	加权分数	分数	加权分数
合计							

【4】 讨论记录：

自我评价	□A++ □A+ □A □B 说明：

项目5 进行决策

(一) 总结归纳：工作流程与履职关键点(思维导图)

(二) 团队评价：团队绩效表现自我评估

■ 自评等级：□A++ □A+ □A □B

■ 自评说明：

(三) 个人评价：团队成员内部贡献评估

姓名	分工	贡献值

注：按照团队总分100分的标准，进行贡献值分配。

项目6　设定目标

(一)实训活动目标

熟练应用 SMART、少而精、挑战性等原则，制定并优化形成对接战略、清晰、有效、有利于行动的目标。

(二)实训活动内容

任务步骤	成果清单
■ 制定目标	■ 目标＋关键成果清单
■ 优化目标	
■ 制定关键成果	

(三)实训活动资源

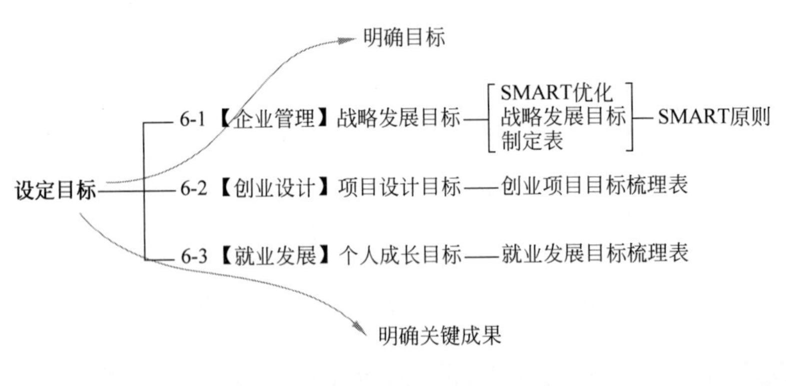

(四)实训评价说明

本项目实训活动结束后，请在“项目评价页”完成：

■ 总结归纳：总结工作流程与履职关键点。

■ 团队评价：围绕团队在实训过程中的表现，讨论填写自评等级和说明。若非团队实训活动，则由本人直接在实训操作页底部填写自评等级和说明。

■ 个人评价：说明团队内成员分工，填写对应的贡献值(按照团队总分 100 分进行内部贡献分配)，作为团队成绩在内部进行二次分配的依据。

任务编号：6-1 **实训时间：**______

任务主题	6-1 【企业管理】目标制定与优化
任务描述	围绕你感兴趣的产品或服务发展需求，制定1～3个关于该产品或服务的战略发展目标，对应制定1～3个关键成果，并应用SMART原则进行优化。
任务操作页	
【1】 SMART优化图 目标： specific 具体的 measurable 可衡量的 attainable 可实现的 relevant 相关性 time bound 时限性	
自我评价	□A++ □A+ □A □B 说明：

任务操作页

【2】 战略发展目标制定表

目标 O(objective)	关键成果 KR(key results)
样例：向餐厅证明我们提供的优质小麦粉的价值	■ 客房重复订购率 80% ■ 完成交易额 100 万元
1	
2	
3	

自我评价	□A++ □A+ □A □B 说明：

<（二）项目操作页>

任务编号：6-2　　　　实训时间：________

任务主题	6-2 【创业设计】目标制定与优化
任务描述	围绕创业项目核心业务产品或服务定位，应用【1】创业项目目标梳理表，确定 1～3 个战略目标，对应制定 1～3 个关键成果。
任务操作页	

【1】 创业项目目标梳理表

目标 O(objective)	关键成果 KR(key results)

自我评价	□A++ □A+ □A □B 说明：

任务操作页	
【2】 讨论记录：	
自我评价	□A++　□A+　□A　□B　　说明：

任务编号：6-3 **实训时间：________**

任务主题	6-3 【就业发展】目标制定与优化
任务描述	围绕个人职业发展方向，应用【1】就业发展目标梳理表，制定1～2个本阶段发展目标，并对应制定1～3个关键成果，最后应用SMART原则进行优化。
任务操作页	

【1】 就业发展目标梳理表

★OKR 共同商定环节★ 编制时间：________年____月____日		
why	O	KR
	O(objective) 你想做什么事情？ （定性的：挑战性/操作性目标）	KR(key results) 如何确认或者衡量你是否做到了？ （定量的：成果或质量标准）

任务操作页	
【2】 讨论记录：	
自我评价	□A＋＋　□A＋　□A　□B　　说明：

项目6　设定目标

(一)总结归纳：工作流程与履职关键点(思维导图)

(二)团队评价：团队绩效表现自我评估

■ 自评等级：□A++　□A+　□A　□B

■ 自评说明：

(三)个人评价：团队成员内部贡献评估

姓名	分工	贡献值

注：按照团队总分100分的标准，进行贡献值分配。

项目7　制订计划

(一) 实训活动目标

熟练应用鱼骨图、5W2H法、OKR工作法等管理方法、工具，梳理为了实现目标需要完成的重点工作任务，明确具体的行动计划，为管理发展提供行动指引。

(二) 实训活动内容

管理实训技能点	成果清单
■ 分解目标	■ 工作计划表
■ 梳理重点工作任务	
■ 制订工作计划表	

(三) 实训活动资源

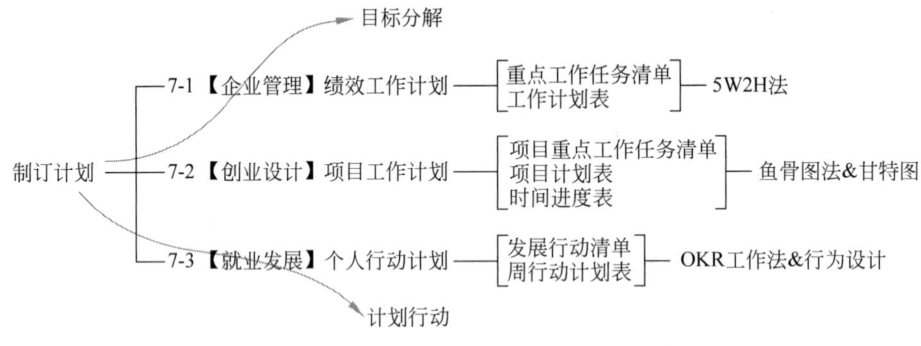

(四) 实训评价说明

本项目实训活动结束后，请在“项目评价页”完成：

■ 总结归纳：总结工作流程与履职关键点。

■ 团队评价：围绕团队在实训过程中的表现，讨论填写自评等级和说明。若非团队实训活动，则由本人直接在实训操作页底部填写自评等级和说明。

■ 个人评价：说明团队内成员分工，填写对应的贡献值(按照团队总分100分进行内部贡献分配)，作为团队成绩在内部进行二次分配的依据。

<（二）项目操作页>

任务编号：7-1 **实训时间：**______

任务主题	7-1 【企业管理】绩效工作计划
任务描述	围绕 6-1 确定的目标，梳理完成【1】重点工作任务清单，并参考【2】工作计划表样表，制订工作计划表。
任务操作页	

【1】 重点工作任务清单

序号	重点工作任务	关键成果	备注

自我评价	□A++ □A+ □A □B 说明：

任务操作页

【2】 工作计划表(样表)

序号	事项	目的	相关人	地点	完成时限	怎么做	做到什么程度
5W2H	What	Why	Who	Where	When	How	How much

任务编号：7-2 **实训时间：________**

任务主题	7-2 【创业设计】项目工作计划
任务描述	围绕创业项目设计目标和截止提报时间，应用“鱼骨图”分解目标，梳理需要重点开展的工作及责任人，设计并拟订项目工作计划。 第一步：梳理【2】项目重点工作任务清单； 第二步：制作【3】项目工作计划表[参考 7-1 工作计划表(样表)]； 第三步：应用甘特图法，形成【4】时间进度表。
任务操作页	

【1】 应用“鱼骨图”分解目标，梳理重点工作清单。

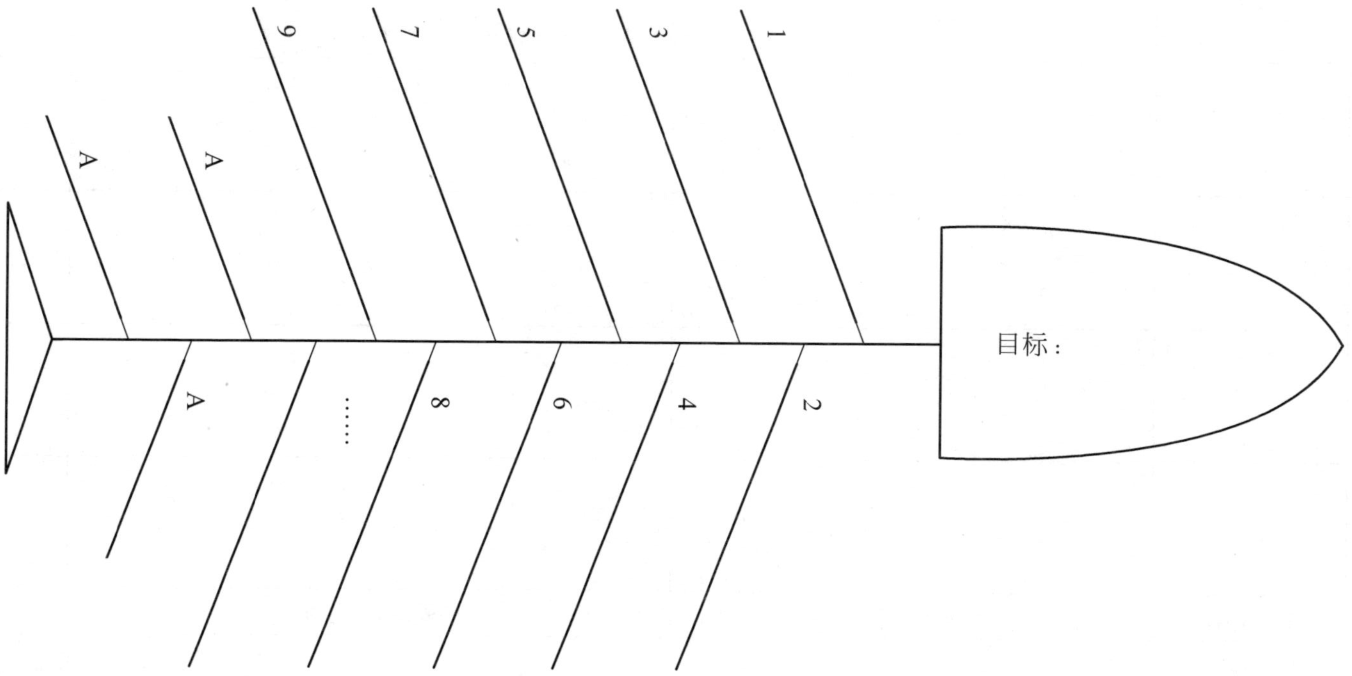

目标：

1

2

3

4

5

6

7

8

9

……

A

A

A

任务操作页

【2】项目重点工作任务清单

序号	重点工作任务	关键成果	时间要求	责任人

自我评价	□A++ □A+ □A □B 说明：

任务操作页

【3】 项目计划表（样例）

序号	工作计划	权重	关键成果（符合 SMART 原则）	时间要求	责任人	备注

任务操作页	
【4】 时间进度表	
自我评价	□A++ □A+ □A □B 说明：

任务编号：7-3 **实训时间：**______

任务主题	7-3 【就业发展】个人行动计划
任务描述	围绕 6-3 制定的个人职业发展目标 OKR，形成每周行动计划。 （注：可参阅“项目 17 管理行为”部分的行为设计方法，设计行为，确保计划容易启动并坚持下去。） 第一步：梳理个人职业发展及成长目标所需开展的【1】发展行动清单。 第二步：制作【2】周行动计划表，推进行动落地。（若长期使用，可使用附录 3。）
任务操作页	
【1】 发展行动清单（学期/月度） 1. 2. 3. ……	
自我评价	□A＋＋ □A＋ □A □B 说明：

任务操作页

【2】 周行动计划表

★周行动计划与反馈表★

（周期：　　年　　月　　日—　　年　　月　　日）

do what?	yes/no? →Why?			备注
行动计划（周）	进度	评分（0～1）	自我评估	

自我评价	□A＋＋　□A＋　□A　□B　说明：

项目7 制订计划

(一) 总结归纳：工作流程与履职关键点(思维导图)

(二) 团队评价：团队绩效表现自我评估
■ 自评等级：□A++ □A+ □A □B ■ 自评说明：

(三) 个人评价：团队成员内部贡献评估

姓名	分工	贡献值

注：按照团队总分100分的标准,进行贡献值分配。

项目8 组织设计

(一)实训活动目标

围绕目标和重点工作任务,理解组织设计理念,梳理组织分工,尝试设计并绘制组织机构图,为重点工作落地提供组织支持。

(二)实训活动内容

管理实训技能点	成果清单
■ 绘制组织机构图	■ 组织机构图
■ 设计组织机构	■ 部门职责分工表
■ 链接发展资源	■ 个人发展资源导图

(三)实训活动资源

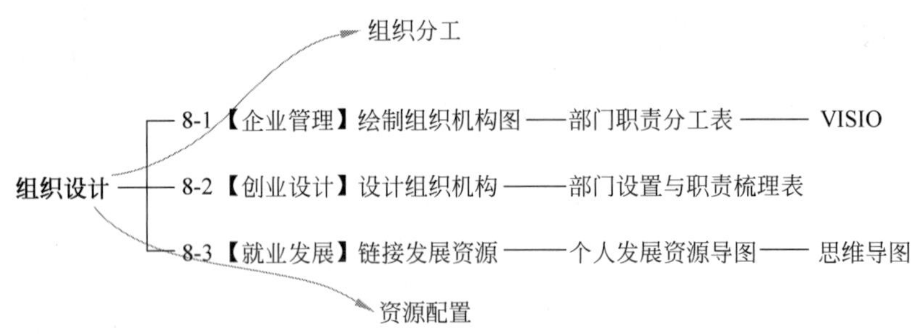

(四)实训评价说明

本项目实训活动结束后,请在"项目评价页"完成:

■ 总结归纳:总结工作流程与履职关键点。

■ 团队评价:围绕团队在实训过程中的表现,讨论填写自评等级和说明。若非团队实训活动,则由本人直接在实训操作页底部填写自评等级和说明。

■ 个人评价:说明团队内成员分工,填写对应的贡献值(按照团队总分 100 分进行内部贡献分配),作为团队成绩在内部进行二次分配的依据。

<（二）项目操作页>

任务编号：8-1 **实训时间：**______

任务主题	8-1 【企业管理】绘制组织机构图
任务描述	调查感兴趣的企业、学校、社团、兼职公司的组织机构设计及部门分工，绘制组织机构图（手绘或使用 VISIO 软件），梳理各部门分工情况。
任务操作页	
【1】 绘制组织机构图	
自我评价	□A++ □A+ □A □B 说明：

任务操作页

【2】 部门职责分工表

部门名称	部门核心价值定位/职责内容

＜（二）项目操作页＞

自我评价	□A＋＋　□A＋　□A　□B　说明：

<(二)项目操作页>

任务编号：8-2　　　　**实训时间：**________

任务主题	8-2 【创业设计】设计组织机构
任务描述	围绕创业项目战略目标，参考“7-2 中的项目重点工作任务清单”，设计创业公司的组织机构，明确部门分工，并绘制组织机构图。
任务操作页	

【1】 部门设置与职责梳理表

部门名称	部门核心价值定位/职责内容

<(二)项目操作页>

自我评价	□A++ □A+ □A □B 说明：

<（二）项目操作页>

<table>
<tr><td colspan="2">任务操作页</td></tr>
<tr><td colspan="2">【2】 绘制组织机构图：</td></tr>
<tr><td>自我评价</td><td>□A++ □A+ □A □B 说明：</td></tr>
</table>

任务编号：8-3 **实训时间：**

<table>
<tr><td>任务主题</td><td>8-3 【就业发展】链接发展资源</td></tr>
<tr><td>任务描述</td><td>围绕“6-3 个人发展目标”和“7-3 个人重点发展计划”，寻找可以支持完成各项任务目标的资源，包括学校、培训机构、考证机构、职业顾问、老师、同学、朋友等，并绘制个人发展资源导图。</td></tr>
<tr><td colspan="2">任务操作页</td></tr>
<tr><td colspan="2">【1】 个人发展资源导图
目标：
【】 支持：
【】 支持：
【】 支持：
【】 支持：
【】 支持：
【】 支持：
【】 支持：
【】 支持：
【】 支持：
【】 支持：</td></tr>
<tr><td>自我评价</td><td>□A++ □A+ □A □B 说明：</td></tr>
</table>

<table>
<tr><th colspan="2">任务操作页</th></tr>
<tr><td colspan="2">【2】 讨论记录：</td></tr>
<tr><td>自我评价</td><td>□A++ □A+ □A □B 说明：</td></tr>
</table>

项目8　组 织 设 计

(一) 总结归纳：工作流程与履职关键点(思维导图)

(二) 团队评价：团队绩效表现自我评估

■ 自评等级：□A++　□A+　□A　□B

■ 自评说明：

(三) 个人评价：团队成员内部贡献评估

姓名	分工	贡献值

注：按照团队总分100分的标准，进行贡献值分配。

项目9 岗位分工

(一) 实训活动目标

熟练开展岗位职责分工调查并进行梳理,绘制岗位脉络图,基于需求设置岗位,明确岗位任职要求,进一步明确组织内部职责分工,为管理发展奠定基础。

(二) 实训活动内容

管理实训技能点	成果清单
■ 梳理岗位设置与分工	■ 岗位分工表
■ 绘制岗位脉络图	■ 岗位脉络图
■ 梳理岗位任职要求	■ 岗位技能提升清单

(三) 实训活动资源

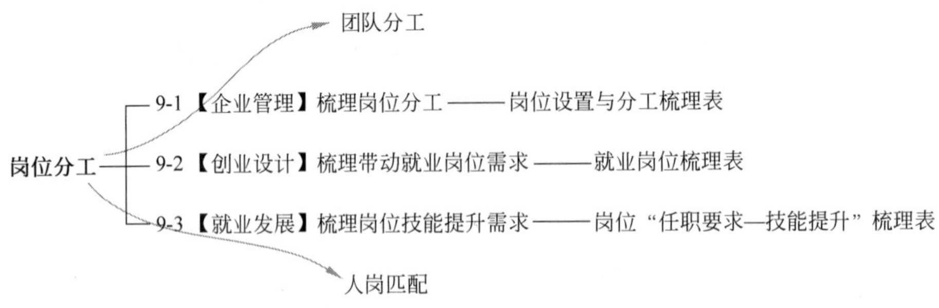

(四) 实训评价说明

本项目实训活动结束后,请在"项目评价页"完成:

■ 总结归纳:总结工作流程与履职关键点。

■ 团队评价:围绕团队在实训过程中的表现,讨论填写自评等级和说明。若非团队实训活动,则由本人直接在实训操作页底部填写自评等级和说明。

■ 个人评价:说明团队内成员分工,填写对应的贡献值(按照团队总分 100 分进行内部贡献分配),作为团队成绩在内部进行二次分配的依据。

<(二)项目操作页>

任务编号：9-1 **实训时间：**______

任务主题	9-1 【企业管理】梳理岗位分工
任务描述	应用【1】岗位设置与分工梳理表，调查整理“8-1 组织机构”的典型部门的岗位设计及分工，并据此绘制岗位脉络图。 注：优先选择熟悉的部门，如本专业对接的部门，或所在的专业院系、社团部门等。
任务操作页	

【1】 岗位设置与分工梳理表

岗位名称	岗位核心价值定位/职责内容

<（二）项目操作页>

任务操作页	
【2】 岗位脉络图：	
自我评价	□A++　□A+　□A　□B　说明：

任务编号：9-2 **实训时间：**______

任务主题	9-2 【创业设计】梳理带动就业岗位需求
任务描述	围绕“8-2[创业设计]设计组织机构”，应用【1】就业岗位梳理表，梳理在项目发展过程中近 1～3 年可直接、间接提供的实习就业岗位，参考招聘网站相关用工信息，初步设计岗位名称、岗位工作、岗位任职要求(学历、专业、知识、技能、素质等)、重点来源人群等。 (注：优先关注重点或特殊就业群体，包括毕业生、残障人士等。)

任务操作页

【1】 就业岗位梳理表

序号	岗位名称	工作内容	岗位任职要求	优先来源就业人群	备注
1					
2					

序号	岗位名称	职责分工	岗位任职要求	优先来源就业人群	备注

自我评价	□A++　□A+　□A　□B　说明：

<（二）项目操作页>

<table>
<tr><th colspan="2">任务操作页</th></tr>
<tr><td colspan="2">【2】 讨论记录：</td></tr>
<tr><td>自我评价</td><td>□A++　□A+　□A　□B　　说明：</td></tr>
</table>

<(二)项目操作页>

任务编号：9-3 **实训时间：**______

任务主题	9-3 【就业发展】梳理岗位技能提升需求
任务描述	围绕个人发展目标岗位，应用【1】目标岗位“任职要求—技能提升”梳理表，梳理任职资格要求及需要学习提升的内容，思考如何发挥个人优势以获得提升和发展，选择适合自己的学习方式和学习渠道，设计个人学习成长计划（主题、渠道、标准等）。
任务操作页	

【1】 目标岗位“任职要求—技能提升”梳理表

目标岗位	工作内容	应聘条件

提升主题标准	学习渠道	相关资源	时间计划

任务操作页

目标岗位	工作内容	应聘条件

提升主题标准	学习渠道	相关资源	时间计划

自我评价	□A++　□A+　□A　□B　　说明：

任务操作页	
【2】 设计学习提升计划表：	
自我评价	□A＋＋ □A＋ □A □B 说明：

任务操作页	
【3】 讨论记录：	
自我评价	□A++ □A+ □A □B 说明：

项目9 岗位分工

（一）总结归纳：工作流程与履职关键点（思维导图）

（二）团队评价：团队绩效表现自我评估

■ 自评等级：□A＋＋ □A＋ □A □B

■ 自评说明：

（三）个人评价：团队成员内部贡献评估

姓名	分工	贡献值

注：按照团队总分100分的标准，进行贡献值分配。

项目10 绩效评价

(一) 实训活动目标

熟练应用自我评价、360°评价等评价方法,通过定量和定性评估,全面反馈计划完成情况,及时发现问题、解决问题,优化调整工作计划,进一步推进整体目标的实现。

(二) 实训活动内容

管理实训技能点	成果清单
■ 履职能力评价	■ 评价标准表
■ 工作绩效评价	
■ 行动效果评价	

(三) 实训活动资源

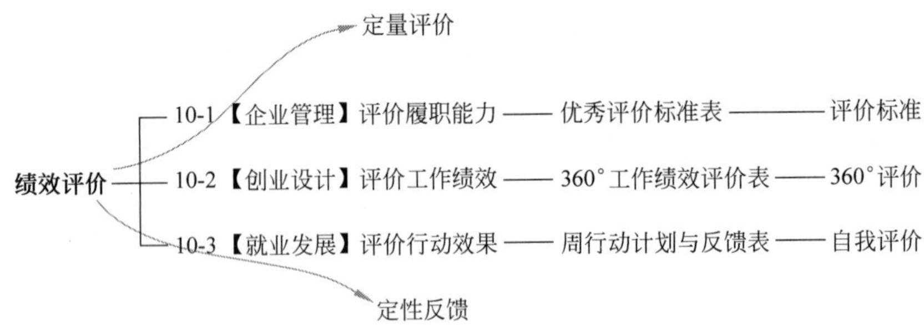

(四) 实训评价说明

本项目实训活动结束后,请在"项目评价页"完成:

■ 总结归纳:总结工作流程与履职关键点。

■ 团队评价:围绕团队在实训过程中的表现,讨论填写自评等级和说明。若非团队实训活动,则由本人直接在实训操作页底部填写自评等级和说明。

■ 个人评价:说明团队内成员分工,填写对应的贡献值(按照团队总分100分进行内部贡献分配),作为团队成绩在内部进行二次分配的依据。

任务编号：10-1　　**实训时间：**______

任务主题	10-1 【企业管理】评价履职能力
任务描述	围绕管理者的品质及组织管理的目标，探讨“好干部”和“好员工”的标准，试着设计评价标准表（可参考样例【1】干部履职能力评价表），并选择感兴趣的公司代表人物、灵魂人物，或身边熟悉的管理者，或围绕所在团队的队长、队员进行评价，并说明给分理由。
任务操作页	

【1】 干部履职能力评价表（样例）

序号	优秀指标	权重	评价标准	评分
1	大局意识	25 分	1. 能够从公司、部门的角度全盘考虑，以公司发展、单位发展大局为重； 2. 具有很强的全局观念，注重部门间、同事间的相互支援、默契配合，共同完成组织目标。	
2	领导管理能力	25 分	1. 具备丰富的业务、管理经验，面对复杂问题时能够谨慎分析、果断处理，工作得到下属的一致认可； 2. 具备较强的人格魅力，深受员工拥戴。	
3	团队建设与员工培养	25 分	1. 具有明确的团队目标，并及时、合理地将团队目标分解到岗位； 2. 具有良好的领导力，带领的团队具有极强的凝聚力和战斗力； 3. 能结合员工发展需要，提供必要的培训、辅导与帮助，关心和激励员工，员工成长快。	
4	执行力	25 分	1. 对于计划内或临时交办的任务，能准确领会上级意图，从公司整体利益出发，迅速整合资源、组织开展； 2. 过程中能协调、处理好各类问题，能保质保量实现预期效果。	
合计		100 分		

任务操作页

优秀干部/队长评价标准表

序号	优秀指标	权重	评价标准（如何衡量）	备注说明
1				
2				
3				
4				
5				
6				
7				
合计		100%		

自我评价	□A++ □A+ □A □B 说明：

<(二)项目操作页>

任务操作页

优秀员工/队员评价标准表

序号	优秀指标	权重	评价标准(如何衡量)	备注说明
1				
2				
3				
4				
5				
6				
7				
合计		100%		

自我评价	□A++　□A+　□A　□B　说明：

任务操作页	
【2】 讨论记录：	
自我评价	□A++ □A+ □A □B 说明：

任务编号：10-2 **实训时间：________**

任务主题	10-2 【创业设计】评价工作绩效
任务描述	围绕“7-2 项目工作计划”的实施情况，应用【1】360°工作绩效评价表开展 360°评价，并召开绩效沟通会议，队员逐个汇报个人工作重点、亮点、难点等，队长点评和指导。(注：评价等级及说明，参照“项目评价页”的评价方式。)
任务操作页	

【1】 360°工作绩效评价表

序号	工作计划	权重	关键成果	时间要求	责任人	评价等级	评价说明	备注

<（二）项目操作页>

序号	工作计划	权重	关键成果	时间要求	责任人	评价等级	评价说明	备注

自我评价	□A++　□A+　□A　□B　说明：

任务操作页

【2】 360°评价汇总：

姓名	自评等级	上级评价	同级评价					综合评价
			1	2	3	4	5	

自我评价	□A++ □A+ □A □B 说明：

任务操作页	
【3】 讨论记录：	
自我评价	□A++ □A+ □A □B 说明：

任务编号：10-3 　　　　**实训时间：**＿＿＿＿

任务主题	10-3 【就业发展】评价行动效果
任务描述	围绕“7-3 中的周行动计划表”中行动计划的执行情况，应用【1】周行动计划与反馈表开展自评和说明，进一步确定是否需要调整行动计划。（参考附录 3 填写样例，可直接填写在上周行动计划表中。）

任务操作页

【1】 周行动计划与反馈表

★周行动计划与反馈表★

（周期：　年　月　日 —　年　月　日）

do what?	yes/no? →Why?			备注
行动计划(周)	进度	评分(0～1)	自我评估	

任务操作页	
【2】 讨论记录：	
自我评价	□A++ □A+ □A □B 说明：

项目10 绩效评价

(一)总结归纳:工作流程与履职关键点(思维导图)

(二)团队评价:团队绩效表现自我评估

■ 自评等级:□A++ □A+ □A □B

■ 自评说明:

(三)个人评价:团队成员内部贡献评估

姓名	分工	贡献值

注:按照团队总分100分的标准,进行贡献值分配。

项目11 过程控制

(一) 实训活动目标

围绕管理目标，应用6S、PDCA、OKR等管理工具，开展过程控制，持续跟踪和调整行动计划，进一步管控目标实现过程。

(二) 实训活动内容

管理实训技能点	成果清单
■ 全面质量管理(6S)	■ 6S管理清单
■ 全过程循环管理(PDCA)	■ PDCA管理流程
■ 目标跟踪管理(OKR)	■ OKR自我管理流程

(三) 实训活动资源

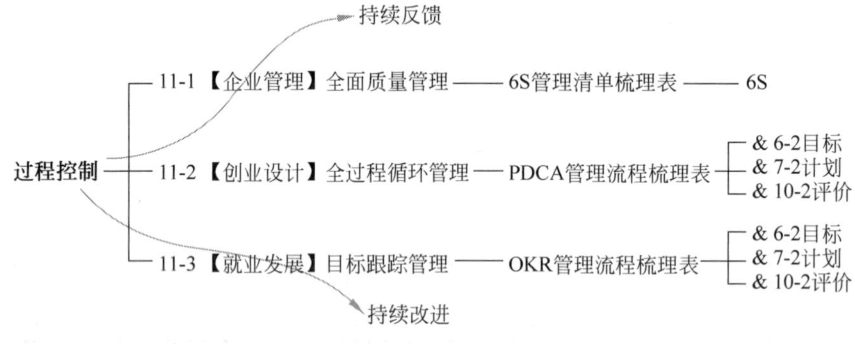

(四) 实训评价说明

本项目实训活动结束后，请在"项目评价页"完成：

■ 总结归纳：总结工作流程与履职关键点。

■ 团队评价：围绕团队在实训过程中的表现，讨论填写自评等级和说明。若非团队实训活动，则由本人直接在实训操作页底部填写自评等级和说明。

■ 个人评价：说明团队内成员分工，填写对应的贡献值(按照团队总分100分进行内部贡献分配)，作为团队成绩在内部进行二次分配的依据。

<（二）项目操作页>

任务编号：11-1　　　　实训时间：________

<table>
<tr><td>任务主题</td><td>11-1　【企业管理】全面质量管理</td></tr>
<tr><td>任务描述</td><td>A. 查找你感兴趣的产品中，是否有应用6S原理开展生产管理的，并分享说明管理与产品优势之间的关系。
B. 应用6S管理原理，讨论制定宿舍管理6S标准和流程，应用【2】6S管理清单梳理表，梳理形成每日宿舍管理工作清单。</td></tr>
<tr><td colspan="2">任务操作页</td></tr>
<tr><td colspan="2">【1】　讨论记录：</td></tr>
</table>

任务操作页

【2】 6S管理清单梳理表：

6S	宿舍管理事务清单	质量标准要求	备注
S1 整理 （Seiri）			
S2 整顿 （Seiton）			
S3 清扫 （Seiso）			
S4 清洁 （Seiketsu）			
S5 素养 （Shitsuke）			
S6 安全 （Safety）			

自我评价	□A++ □A+ □A □B 说明：

任务编号：11-2 **实训时间：**______

<table>
<tr><td>任务主题</td><td>11-2 【创业设计】全过程循环管理</td></tr>
<tr><td>任务描述</td><td>应用 PDCA 循环管理原理，串联“6-2 目标制定与优化、7-2 项目工作计划、10-2 工作绩效评价”3 个管理环节，应用【2】PDCA 管理流程梳理表，梳理形成适合所在创业团队管理需求的 PDCA 创业项目管理流程，并据此开展 PDCA 循环管理。</td></tr>
<tr><td colspan="2">任务操作页</td></tr>
</table>

【1】 PDCA 循环管理流程（样例）

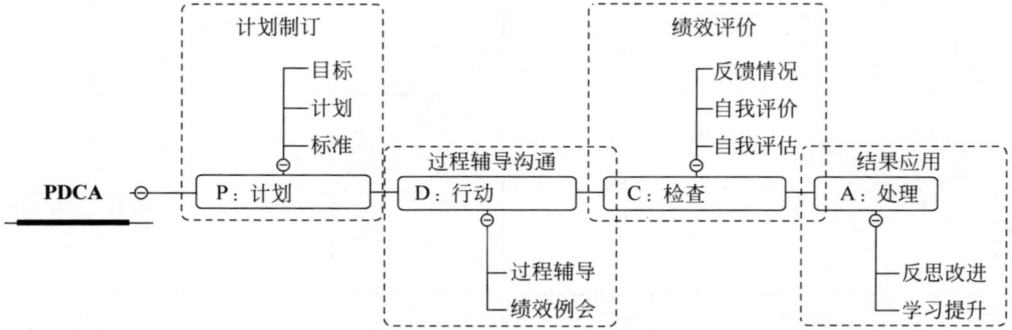

PDCA

计划制订
P：计划
目标
计划
标准

过程辅导沟通
D：行动
过程辅导
绩效例会

绩效评价
C：检查
反馈情况
自我评价
自我评估

结果应用
A：处理
反思改进
学习提升

任务操作页

【2】 PDCA 管理流程梳理表：

PDCA	具体管理步骤说明	关键成果或关键点说明	备注
P			
D			
C			
A			

自我评价	□A＋＋　□A＋　□A　□B　　说明：

任务编号：11-3 **实训时间：**________

任务主题	11-3 【就业发展】目标跟踪管理
任务描述	应用 OKR 工作法原理，串联“6-3 目标制定与优化、7-3 个人行动计划、10-3 评价行动效果”3 个管理环节，应用【2】PDCA 管理流程梳理表，梳理形成适合个人就业发展目标的 OKR 自我管理流程，并据此流程开展持续的 OKR 管理。
任务操作页	
【1】 OKR 管理流程（样例） **OKR管理**—制定OKR—匹配行动计划—实施OKR—周期评价反馈—例会跟踪辅导—OKR优化调整	
自我评价	□A＋＋ □A＋ □A □B 说明：

任务操作页

【2】 OKR 管理流程梳理表

OKR	具体管理步骤说明	关键成果或关键点说明	备注
制定 OKR			
持续跟踪管理			

自我评价	□A＋＋ □A＋ □A □B 说明：

项目11 过程控制

(一) 总结归纳：工作流程与履职关键点(思维导图)

(二) 团队评价：团队绩效表现自我评估

■ 自评等级：□A++ □A+ □A □B

■ 自评说明：

(三) 个人评价：团队成员内部贡献评估

姓名	分工	贡献值

注：按照团队总分100分的标准，进行贡献值分配。

项目12 激励员工

（一）实训活动目标

熟练应用需求层次理论、双因素理论、期望理论、强化理论、公平理论等激励理论，梳理分析员工需求，建立激励机制，激励员工学习、成长、发展，为组织提供人才支撑。

（二）实训活动内容

管理实训技能点	成果清单
■ 员工激励	■ 激励方案
■ 团队激励	
■ 自我激励	

（三）实训活动资源

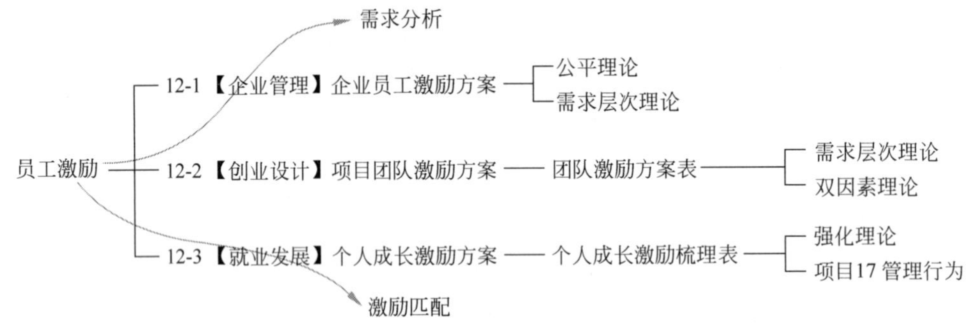

（四）实训评价说明

本项目实训活动结束后，请在“项目评价页”完成：

■ 总结归纳：总结工作流程与履职关键点。

■ 团队评价：围绕团队在实训过程中的表现，讨论填写自评等级和说明。若非团队实训活动，则由本人直接在实训操作页底部填写自评等级和说明。

■ 个人评价：说明团队内成员分工，填写对应的贡献值（按照团队总分100分进行内部贡献分配），作为团队成绩在内部进行二次分配的依据。

任务编号：12-1 **实训时间：________**

<table>
<tr><td>任务主题</td><td>12-1 【企业管理】企业员工激励方案</td></tr>
<tr><td>任务描述</td><td>【案例分析】
H 集团今年为扩大公司业务规模，招入大批应届毕业生。王一和张三作为同班同学，一起进入该集团人力资源部培训管理岗位，并顺利通过转正，起薪 5 000 元。
转正后，王一继续努力工作，完成的培训项目质量越来越高，经常得到领导的表扬。张三心想，反正已经转正，可以高枕无忧了，于是经常偷懒应付，手里的培训项目总是出现各种各样的问题，还得王一帮忙解决。年底，王一和张三没有收到年终奖金。第二年到第三年，王一坚持学习、努力工作，经常被领导委以重任并受到表扬，渐渐王一的培训管理水平远远超过张三，承担了更多的培训项目，但工资、奖金、职位依然没有变化。
在一次同学聚会上，王一得知同班的李四在 S 集团做培训管理，工资已经从毕业后刚入职时的 4 000 元涨到了 8 000 元，心里很不是滋味。回来后，开始在网上投递简历。
【思考与讨论】
(1) 请运用需求层次理论、公平理论、强化理论等激励理论，分析王一打算跳槽的原因。
(2) 如果你是王一的新领导，你打算如何应用激励理论，吸引、留住王一这样的优秀青年骨干员工，建立稳定的人才队伍来支撑组织发展？</td></tr>
<tr><td colspan="2">任务操作页</td></tr>
<tr><td colspan="2">讨论记录：</td></tr>
</table>

<（二）项目操作页>

任务操作页	
自我评价	□A++ □A+ □A □B 说明：

（二）项目操作页

任务编号：12-2

实训时间：________

任务主题	12-2 【创业设计】项目团队激励方案
任务描述	围绕“6-2 目标制定与优化”和“7-2 项目工作计划”，结合创新团队成员需求，应用需求层次理论、双因素理论等激励理论，制定一份团队激励方案（填写【2】团队激励方案表），持续激励团队成员共同努力推动项目的设计、优化、实施落地等工作。
任务操作页	
【1】 需求调研记录	

任务操作页

【2】 团队激励方案表

序号	马斯洛需求层次	对应需求举例	对应的激励措施 注：从团队激励、提升工作积极性的角度， 结合强化理论（硬措施）＋发挥个人管理风格优势（软措施）	双因素判断 （保健/激励）
5				
4				
3				
2				
1				

自我评价	□A＋＋ □A＋ □A □B 说明：

任务编号：12-3 **实训时间：**＿＿＿＿

任务主题	12-3 【就业发展】个人成长激励方案
任务描述	围绕“6-3 目标制定与优化、7-3 个人行动计划”，结合个人需求，尝试制定一份属于自己的个人成长激励方案，在阶段性成长节点（时间或个人突破点，如获得证书、坚持超过1个月等），以庆祝、奖励、分享等形式，庆祝每一步成长。
任务操作页	

【1】 个人成长激励梳理表

序号	个人发展目标/行动计划	阶段性激励节点	激励或庆祝方式	备注

自我评价	□A＋＋ □A＋ □A □B 说明：

任务操作页	
【2】 讨论记录：	
自我评价	□A++ □A+ □A □B 说明：

项目 12　激 励 员 工

（一）总结归纳：工作流程与履职关键点(思维导图)

（二）团队评价：团队绩效表现自我评估

■ 自评等级：□A＋＋　□A＋　□A　□B

■ 自评说明：

（三）个人评价：团队成员内部贡献评估

姓名	分工	贡献值

注：按照团队总分 100 分的标准，进行贡献值分配。

项目13　领导团队

（一）实训活动目标

尝试应用领导风格理论，分析身边领导的风格，探讨如何发挥风格优势，以及如何适应不同的领导风格，建立良好的管理关系，为团队建设奠定基础。

（二）实训活动内容

管理实训技能点	成果清单
■ 领导风格分析与适应	■ 领导风格适应方案
■ 团队人才风格分析和培养	■ 团队人才培养方案
■ 领导风格测评	■ 个人风格测评分析

（三）实训活动资源

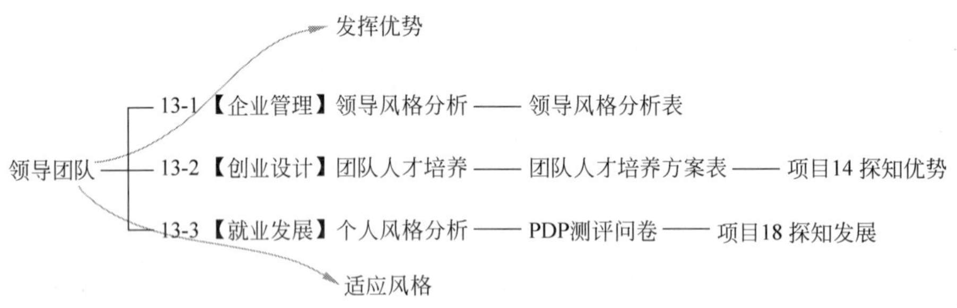

（四）实训评价说明

本项目实训活动结束后，请在“项目评价页”完成：

■ 总结归纳：总结工作流程与履职关键点。

■ 团队评价：围绕团队在实训过程中的表现，讨论填写自评等级和说明。若非团队实训活动，则由本人直接在实训操作页底部填写自评等级和说明。

■ 个人评价：说明团队内成员分工，填写对应的贡献值（按照团队总分100分进行内部贡献分配），作为团队成绩在内部进行二次分配的依据。

<（二）项目操作页>

任务编号：13-1 **实训时间：**________

<table>
<tr><td>任务主题</td><td>13-1 【企业管理】领导风格分析</td></tr>
<tr><td>任务描述</td><td>第一步：团队讨论选择一个组织的灵魂人物，收集其经典管理案例，试分析其领导风格特征及优势，并举例说明其在管理中是如何发挥优势的。
第二步：填写【2】领导风格分析表，收集日常被吐槽的领导风格特征，探讨如何适应领导风格，以及同样场景下一个有魅力的领导的做法。</td></tr>
<tr><td colspan="2">任务操作页</td></tr>
<tr><td colspan="2">【1】 讨论记录：</td></tr>
<tr><td>自我评价</td><td>□A++ □A+ □A □B 说明：</td></tr>
</table>

任务操作页

【2】 领导风格分析表

日常被吐槽的领导的风格特征、场景行为	A. 员工视角：如果遇到，你选择如何沟通或行动	B. 领导视角：有魅力的领导会如何做

自我评价	□A++ □A+ □A □B 说明：

<（二）项目操作页>

任务编号：13-2

实训时间：______

任务主题	13-2 【创业设计】团队人才培养
任务描述	围绕项目持续发展对人才的需求，从领导团队实现创业项目目标的角度，制定一份人才培养方案（填写【2】团队人才培养方案表），应用领导情境理论，结合成员的风格和优势，采取灵活的沟通方式，帮助团队成员发挥优势、学习成长。 （注：可参阅“第二部分管理自我中项目 14 探知优势”中的实践活动，带领成员探索个人优势，梳理团队优势，并帮助成员发挥优势。）
任务操作页	
【1】 讨论记录：	
自我评价	□A＋＋ □A＋ □A □B 说明：

任务操作页

【2】 团队人才培养方案表

团队目标	团队成员盘点			团队成员优势发挥方向（从团队分工的角度，谈谈如何发挥优势）	团队建设计划（从学习提升的角度，谈谈如何帮助成长）
	姓名	风格	优势		

自我评价 □A++ □A+ □A □B 说明：

任务编号：13-3 **实训时间：________**

任务主题	13-3 【就业发展】个人风格分析
任务描述	应用 PDP 测试工具，测试个人风格类型，并探讨： 第一步：自己认为自己的风格是什么（自己眼中的自己），团队互猜风格类型（他人眼中的自己）。 第二步：应用 PDP 测评表，测评个人领导风格，记录各类风格优势和得分（测试题目见附录 2）。 第三步：对比“自己眼中的自己”“他人眼中的自己”与“测评结果”是否一致，谈谈为什么以及如何发挥优势。 （注：可参阅“第二部分管理自我中项目 18 管理发展”中的实践活动 18-1，带领成员测评个人发展兴趣，结合优势讨论个人发展优势。）
任务操作页	

【1】 领导风格探讨

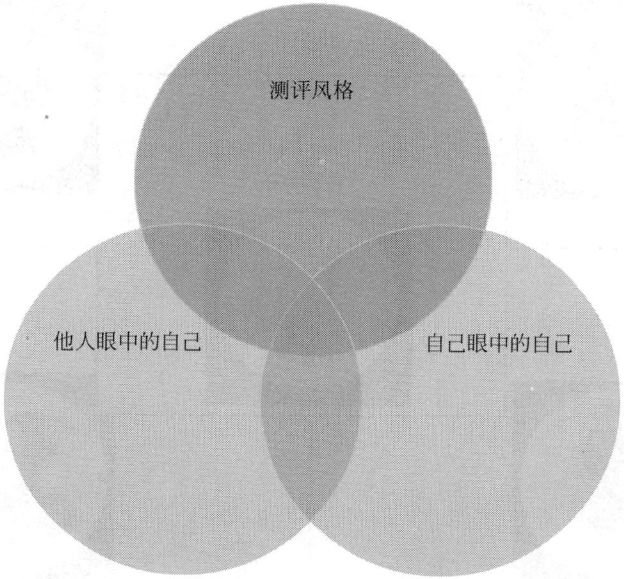

测评风格

他人眼中的自己

自己眼中的自己

任务操作页

【2】 测评记录：

考拉型

优势：

得分：

孔雀型

优势：

得分：

变色龙型

优势：

得分：

猫头鹰型

优势：

得分：

老虎型

优势：

得分：

项目13　领导团队

(一)总结归纳：工作流程与履职关键点(思维导图)

(二)团队评价：团队绩效表现自我评估

■ 自评等级：□A++　□A+　□A　□B

■ 自评说明：

(三)个人评价：团队成员内部贡献评估

姓名	分工	贡献值

注：按照团队总分100分的标准，进行贡献值分配。

第二部分　管理自我

自我管理是通过深刻的自我认知、持续的反馈分析，了解和发挥自己的优势，了解和改进自己的学习方式与工作方式，了解自己的价值观，从而找到自己可以做出卓越贡献的工作、任务、角色或团队、领域，投入时间和精力，明确自己的发展目标、预期贡献成果和行动计划，并通过有效的合作和过程控制，实现持续成长和长远发展的过程。

现代管理学之父彼得·德鲁克曾经说："我们当中的大多数人，甚至包括那些还算有点天赋的人，都不得不通过学习来掌握自我管理的技巧。我们必须学会自我发展，必须知道把自己放在什么样的位置上，才能做出最大的贡献。"自我管理是大学生社会健康的三大评价指标之一（其他两项为社会活动、人际关系），大学生自我管理能力的培养是大学生提高自身综合素质的基础，其他素质的实现都建立在有效自我管理的基础上。

本书选取优势、情绪、认知、行为、发展、时间 6 个主题，作为自我管理的核心内容，研究表明：

- 优势：讨论、应用优势，可以帮助我们变得优秀、善良、有趣、好奇、有创造力。
- 情绪：焦虑、恐惧，会让我们裹足不前；爱、理解可以成为我们发展的动力。
- 认知：僵固性、应该、绝对化等认知思维模式会让我们失去成长的机会，创造性思维可以更好地帮助我们面对问题、解决问题，带来勇气和持续激发行动的张力。
- 行为：科学的行为设计可以让改变变得简单，可以培养为我们带来积极情绪的习惯，带来进步，让我们拥抱希望、收获自信。
- 发展：是生命的主题，我们需要在不断发展中找到自己、成为自己。
- 时间：是生命的单位，因为有限，可以无限，珍惜当下、勇敢行动。

实训项目设计说明

管理自我包括探索认知和探索发展两部分，共 6 个实训项目（见图 2-1）。

- 认知角度：侧重先充分了解自己，探索发现自己的优势才干、日常情绪状态来源、认知思维模式等。
- 发展角度：重在明确自我认知的基础上，应用管理方法和技能，管理自己的行为习惯、职业发展和时间。通过行动提升自我管理意识和自我管理技能，促进个人成长和发展。

每个实训项目包括项目说明页、项目操作页、项目评价页 3 部分（如图 2-2 所示）：

一、项目说明页

（一）实践活动目标：说明总体实践目标。

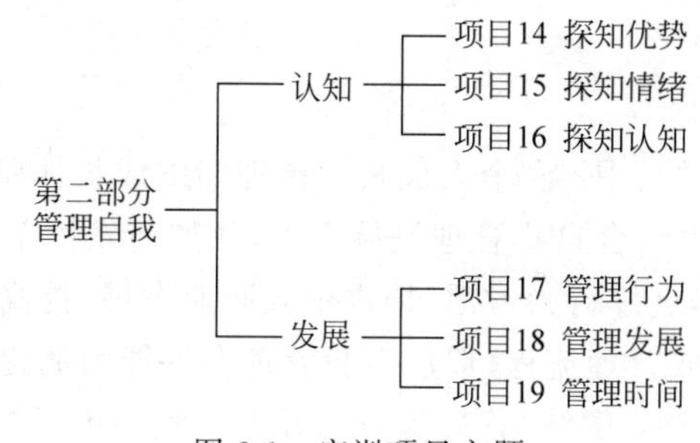

图 2-1　实训项目主题

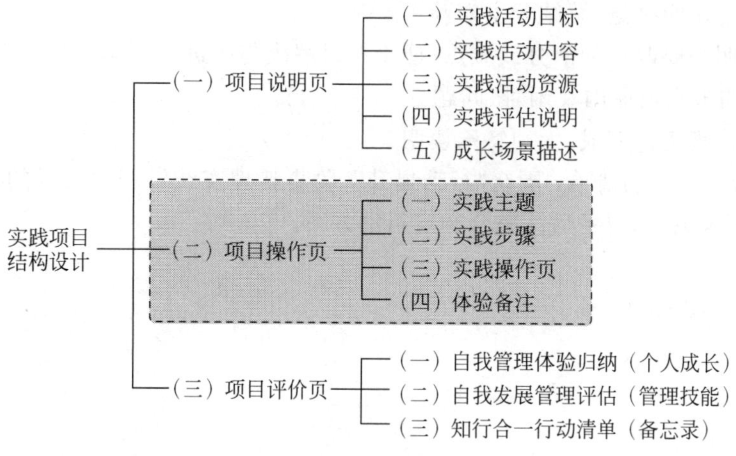

图 2-2　实训流程设计

（二）实践活动内容：说明实践内容、子目标和对应形成的成果清单。

（三）实践活动资源：说明实践过程中用到的知识方法，以及对应线上教学资源库平台提供的电子资源，如微课、视频、动画等。

（四）实践评估说明：说明实践活动完成后，需要开展的评估总结内容。

（五）成长场景描述：围绕项目主题，描述成长过程中发生的相关场景事件、困难、问题等。

注：教学中可以该场景案例为导引，引导学生关注个人及周围同学在个人优势、情绪、认知、行为、发展、时间方面的管理需求，关注个人需求和他人需求，理解、包容、共情，激发学生掌握管理技能、实现自我管理发展的热情。

二、项目操作页

（一）实践主题

（二）实践步骤：说明实践步骤和内容。便于学生了解具体“做什么”和“怎么做”。

（三）实践操作页：空白或提供建议的操作指引步骤、工具表等。

注：学生可以在操作页设计、填写、讨论完善、拍照提交。若在实训室(有电脑)，可以应用 Excel 技能制作电子操作单，以附件形式提交作业。

（四）体验备注

三、项目评价页

（一）自我管理体验归纳：围绕“个人成长”，梳理归纳成长体验或方法。

注：教学中可引导学生结合自我管理发展需求，从如何发挥个人/他人优势、管理情绪、培养创新性思维模式、培养良好行为习惯、推进个人职业发展、提高时间管理效能 6 个角度，归纳适合自己的管理方法或管理流程，促进自我管理发展能力的提升。

（二）自我发展管理评估：围绕“管理提升”，开展自我评价反馈，分为 A＋＋、A＋、A、B 四个评价等级：

■ A＋＋：说明亮点、总结分享经验。

■ A：说明需要改进的部分或难点，便于探讨解决与改进。

■ B：说明未完成原因及困难、问题。

■ A＋：代表正常完成，无须特殊说明。

（三）知行合一行动清单：围绕“行动提升”，收集整理实践过程中发掘的有利于自我发展的行动点，记录下来，以备后续整合制定行动方案。

项目 14　探知优势

(一) 实践活动目标

探索应用自我管理工具,发掘自己的优势才干,找出发挥优势的活动,并尝试应用优势推动行动实现目标,促进个人成长和发展。

(二) 实践活动内容

实践清单	实践目标	成果清单
成长场景分析	觉察优势	■ 显著优势清单 ■ 发挥优势行动清单
14-1 探知个人优势才干	觉察自己的优势才干	
14-2 发现优势应用线索	发现优势发挥的活动	
14-3 应用优势实现目标	应用优势去实现目标	

(三) 实践活动资源

盖洛普研究发现:基于自身优势做事情,可以使人增强自信,目标明确,满怀期望,对人友善。

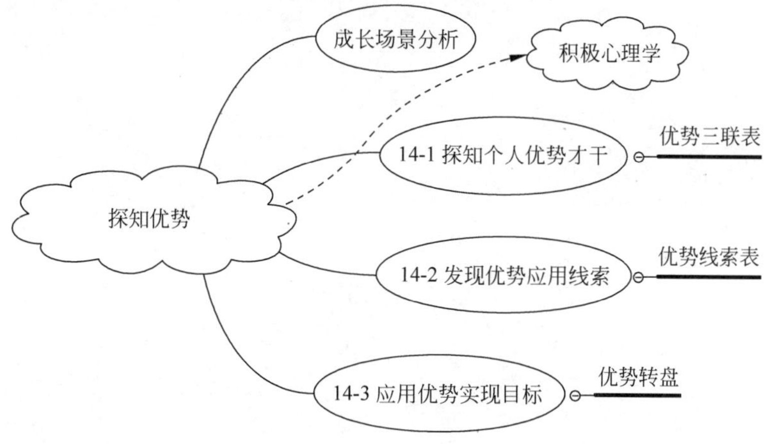

(四) 实践评估说明

本项目实践活动结束后,请在"项目评价页"完成:

■ 应用思维导图,回顾并归纳个人成长体验。

■ 针对个人自我管理技能提升情况,开展自评,分享经验,提出问题,以备讨论解决。

■ 记录过程中发现的有利于个人成长和发展的关键行动点,以备行动指引。

(五) 成长场景描述

【场景描述】

王一在老家县城的重点中学名列前茅,被公认为一名聪明、优秀的学生。他开朗热情,主动跟老师交流,乐于帮助同学。他还是一名长跑健将。同学们很尊重他,老师们也很喜欢他。然而,进入大学以后,他发现自己的成绩不再位于前列,看到周围很多比自己优秀、帅气、时尚的同学,不仅会学习,还有很多才艺特长,内心非常自卑。于是他:

- 不愿意参加集体活动,觉得自己什么都不行。
- 不敢在课堂上发言,也不好意思与老师主动沟通解决问题。
- 不好意思主动去跟同学交流,害怕被嫌弃。
- 不好意思在遇到困难时,主动求助老师或者同学,怕被看不起。
- 觉得大学生活非常无趣,自己什么都做不好,也不想做。

……

老师和同学们都很担心他。作为同学,你会如何帮助他?

【分析思考】

实践编号：14-1　　　　**实训时间：**______

<table>
<tr><td>实践主题</td><td>14-1　探知个人优势才干</td></tr>
<tr><td>实践步骤</td><td>第一步：填写【1】优势三联表：
(1) 独立思考写出自己的1～5个优势(自己眼中的优势)；
(2) 请同组同学提供自己的1～5个优势(他人眼中的优势)；
(3) 应用工具测评发现5个优势才干(测评优势)。(参考：盖洛普优势测评、学职平台大五人格测评、附录1盖洛普测评34项才干优势简介)。
第二步：团队探讨(过程可提供体现优势的相关事件说明，仔细体会互动过程中的感受)：
(1) 肯定重叠区域的优势，但重点关注非重叠区域的优势，探索是什么原因导致存在认识差异。
(2) 关注测评发现但自己、别人未发现的优势，思考自己是否未能充分发挥该优势。
(3) 关注别人发现但自己尚未发现的优势，探索他人是如何发现的，并思考未来如何应用。</td></tr>
<tr><td colspan="2">实践操作页</td></tr>
<tr><td colspan="2">【1】　优势三联表
测评优势
他人眼中的优势
自己眼中的优势</td></tr>
</table>

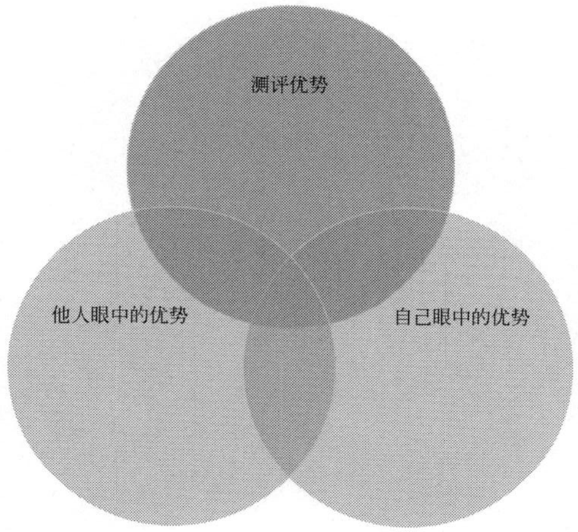

实践操作页	
【2】 讨论记录：	
体验备注	

实践编号：14-2　　　　**实训时间：________**

实践主题	14-2　发现优势应用线索
实践步骤	日常生活中充满了许多应用个人优势才干的线索，应用【1】优势应用线索表，发现日常优势应用情况。

实践操作页

【1】　优势应用线索表

线索	体验描述	发现活动场景
渴望	会自然而然地被什么类型的活动吸引？	
学习迅速	对什么样的活动上手更快？	
融会贯通	在哪些活动中自然而然地知道该怎么做？	
卓越瞬间	在什么活动中，潜意识感到能胜任，并不禁想“我是怎么做到的呢”？	
满意度	对什么活动感到极大的快乐和热情，不禁想到“我什么时候可以再做一次”？	

体验备注	

实践操作页	
【2】 讨论记录：	
体验备注	

<（二）项目操作页>

实践编号：14-3　　　　**实训时间：________**

<table>
<tr><td>实践主题</td><td>14-3　应用优势实现目标</td></tr>
<tr><td>实践步骤</td><td>第一步：确定一项现阶段的重要且紧急的目标或挑战。
第二步：在【1】优势转盘图中心写下该目标或挑战，并在外围写下你的 5～10 项优势才干。
第三步：思考你的优势与目标之间的关联，讨论是否有优势帮助你实现目标。为实现该目标你可以开展的行动是什么？</td></tr>
<tr><td colspan="2">实践操作页</td></tr>
<tr><td colspan="2">【1】　优势转盘
目标
1　2　3　4　5　6　7　8　9</td></tr>
<tr><td>体验备注</td><td></td></tr>
</table>

实践操作页

【2】 讨论记录：

重要目标/任务/挑战	为了完成这项任务，我将使用我的……优势

体验备注	

项目14　探知优势

(一)自我管理体验归纳(个人成长)

(二)自我发展管理评估(管理技能)
■ 自评等级：□A++　□A+　□A　□B ■ 自评说明(A++分享亮点经验;B分享遇到的困难,共同探讨解决。)

（三）知行合一行动清单（备忘录）

【说明】在探索过程中，依据个人发展需要，记录日后想要开展的行动内容，并在本页空白处记录行动效果、遇到的实际困难等，以备课堂讨论解决。

序号	行动目标	Why

项目 15　探知情绪

(一) 实践活动目标

探索应用自我管理工具,觉察自己的情绪状态,探知情绪来源,并尝试通过行动调整和管理自己的情绪状态。

(二) 实践活动内容

实践清单	实践目标	成果清单
成长场景分析	觉察自己的情绪状态	■ 情绪来源饼图 ■ 内心假设清单 ■ 行动启动清单
15-1 探知日常情绪状态	梳理自己的情绪状态	
15-2 探知情绪背后的内心假设	探索情绪背后的来源	
15-3 突破内心假设	行动调整情绪的状态	

(三) 实践活动资源

保持情绪的稳定,善意的指导,遇事不要慌,知道轻重缓急,是管理者的基本素质。

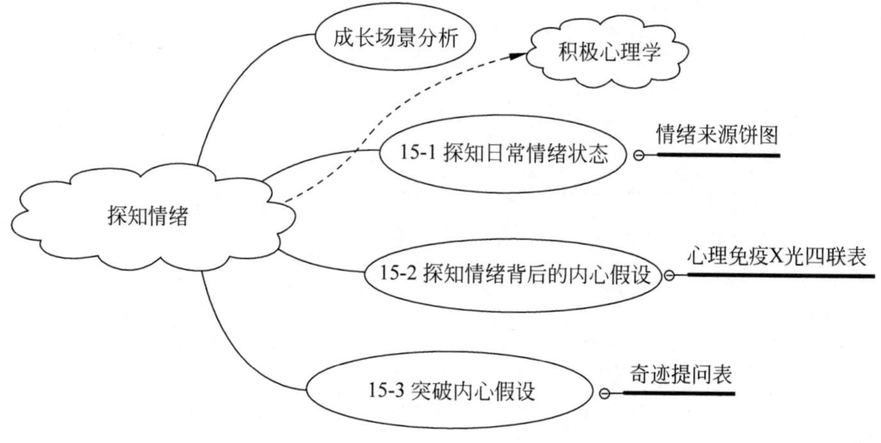

(四) 实践评估说明

本项目实践活动结束后,请在“项目评价页”完成:

■ 应用思维导图,回顾并归纳个人成长体验。

■ 针对个人自我管理技能提升情况,开展自评,分享经验,提出问题,以备讨论解决。

■ 记录过程中发现的有利于个人成长和发展的关键行动点,以备行动指引。

(五) 成长场景描述
【场景描述】 王一在日常生活中容易受到一些情绪的影响,甚至会影响自己的学习生活状态。 比如:上课回答问题时说错了,内心会很懊悔,觉得老师肯定认为自己很蠢,再不敢举手了,而且每次上课老师提问时都很焦虑;因为自己没有什么拿得出手的才艺,每次参加集体活动时都很紧张,觉得自己很无趣,感觉很孤独,宁愿不去;上学期挂科了,总觉得同学们都在嘲笑自己,于是不愿意出门上课、去食堂吃饭、参加活动…… 他总是处于焦虑、紧张、压抑的状态,觉得大家不关心、不理解自己。 老师和同学们都很担心他。作为同学,你会如何帮助他? 【分析思考】

实践编号：15-1　　　　**实训时间：**______

实践主题	15-1　探知日常情绪状态→梳理自己的情绪状态
实践步骤	第一步，回顾近 1～2 个月的平均状态，梳理快乐/灰色情绪活动，并大致估算其占清醒时间的比例，填写【1】情绪来源表。 第二步，根据【1】绘制【2】情绪来源饼图，直观呈现个人情绪分布状况。 第三步，结合【1】和【2】，开展【3】情绪相关分析： （1）探索快乐情绪与灰色情绪的事件是否具有相关性，从活动内容调整的角度寻找调整情绪的方法； （2）聚焦灰色情绪来源，分析是个人意愿、个人技能劣势还是其他原因，尝试找到消除灰色情绪的方法； （3）聚焦快乐情绪来源，分析是个人兴趣、个人技能优势还是其他原因，尝试应用这些活动调整情绪状态。

实践操作页

【1】　情绪来源表

快乐情绪来源	比例
合计	100%

灰色情绪来源	比例
合计	100%

实践操作页	
【2】 情绪来源饼图 A：快乐情绪来源饼图　　　　B：灰色情绪来源饼图	
体验备注	

<table>
<tr><th colspan="2">实践操作页</th></tr>
<tr><td colspan="2">【3】 情绪相关分析</td></tr>
<tr><td>体验备注</td><td></td></tr>
</table>

实践编号：15-2 **实训时间：________**

实践主题	15-2 探索情绪背后的内心假设→探索情绪背后的来源
实践步骤	第一步：填写【1】心理免疫 X 光四联表，一边填写一边思考，认知情绪背后的习惯性的内心假设； 第二步：判断自己的行为目标是不是有效的目标。

实践操作页

【1】 心理免疫 X 光四联表

步骤	A. 希望达成的行为目标	B. 与目标相反的行为	C. 这些行为背后潜在的好处	D. 让这些好处成立的重大假设——限制改变的关键
样例	更自信地表达自己（调节阻碍表达的紧张、害怕、纠结情绪）	经常附和他人的想法，开会讨论时不敢主动发表不同意见	避免和他人发生冲突，避免自己的想法被他人嘲笑	如果发表不同意见，一定会引发冲突，带来没新意、无聊等负面评价
实践记录				

【2】 判断行为目标是否有效

■ 我们遇到的，是世界的不如意，还是需要改变的问题？

■ 我们想要改变的努力，有没有打断自然发展的进程？

体验备注	

实践编号：15-3　　　　**实训时间：**________

<table>
<tr><td>实践主题</td><td>15-3　突破内心假设→行动调整情绪的状态</td></tr>
<tr><td>实践步骤</td><td>第一步：围绕 15-2 中 A. 希望达成的行为目标，应用【1】奇迹提问表，讨论并梳理为实现目标可以迈出的第一小步是什么。
第二步：整理能做且愿意做的行动清单，填入【2】快乐预测表，试着行动，并记录过程体验，试着通过行动打破内心假设，获得快乐情绪。</td></tr>
<tr><td colspan="2">实践操作页</td></tr>
<tr><td colspan="2">【1】　奇迹提问表</td></tr>
</table>

1. 假如奇迹出现了……会发生什么呢？	
2. 如果你已经……回顾这个过程，你迈出的第一步是什么？	
3. 好，那你愿意做吗？	
4. 没关系，你不愿意，就停在这里……	
5. 那么……你现在能做的是什么？	
6. 你愿意做吗？	

实践操作页

【2】 快乐预测表

日期	活动类型 (特指围绕目标你所能做的,以及能让你产生成就感或快乐的活动)	陪你完成活动的人 (独自一人,则记录“我自己”)	预计快乐程度 (0～100%,活动开始前填写)	实际快乐程度 (0～100%,活动结束后填写)

体验备注	

<（二）项目操作页>

实践操作页

日期	活动类型（特指围绕目标你所能做的，以及能让你产生成就感或快乐的活动）	陪你完成活动的人（独自一人，则记录“我自己”）	预计快乐程度（0～100%，活动开始前填写）	实际快乐程度（0～100%，活动结束后填写）

体验备注	

<（二）项目操作页>

实践操作页

日期	活动类型 （特指围绕目标你所能做的，以及能让你产生成就感或快乐的活动）	陪你完成活动的人 （独自一人，则记录“我自己”）	预计快乐程度 （0～100%，活动开始前填写）	实际快乐程度 （0～100%，活动结束后填写）

体验备注	

项目 15　探知情绪

(一) 自我管理体验归纳(个人成长)
(二) 自我发展管理评估(管理技能)
■ 自评等级：□A++　□A+　□A　□B ■ 自评说明(A++分享亮点经验;B分享遇到的困难,共同探讨解决。)

(三) 知行合一行动清单(备忘录)

【说明】在探索过程中,依据个人发展需要,记录日后想要开展的行动内容,并在本页空白处记录行动效果、遇到的实际困难等,以备课堂讨论解决。

序号	行动目标	Why

项目16 探知认知

(一)实践活动目标

探索应用自我管理工具,了解自己的认知思维模式,并尝试通过行动培养创造性思维,促进个人成长和发展。

(二)实践活动内容

实践清单	实践目标	成果清单
成长场景分析	了解自己的认知模式	■ 创新思维事件清单 ■ 破解认知扭曲的行动清单
16-1 探知认知思维模式	觉察防御型思维	
16-2 培养发展创新思维	培养创新型思维	
16-3 行动破解认知扭曲	破解防御型思维	

(三)实践活动资源

认知自我,了解自己的认知习惯和思维模式,是自我成长的关键环节。

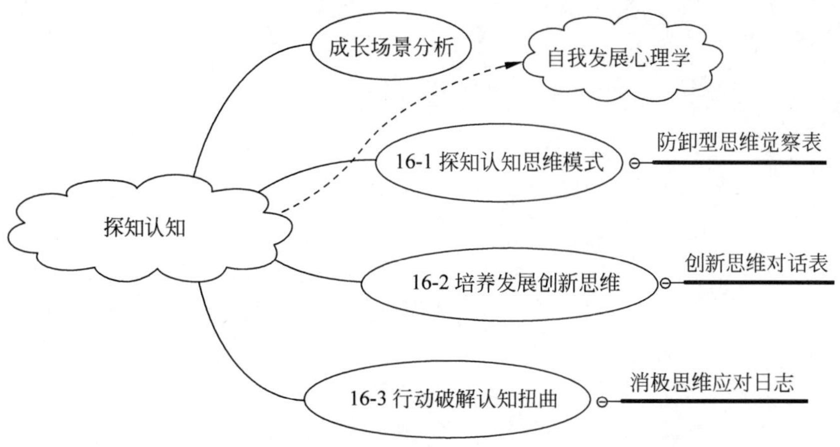

(四)实践评估说明

本项目实践活动结束后,请在"项目评价页"完成:

■ 应用思维导图,回顾并归纳个人成长体验。

■ 针对个人自我管理技能提升情况,开展自评,分享经验,提出问题,以备讨论解决。

■ 记录过程中发现的有利于个人成长和发展的关键行动点,以备行动指引。

（五）成长场景描述

【场景描述】

王一在家乡的重点高中读书时，同学们都认为他特别聪明、优秀。但他高考失利，没能考上理想的大学，这成为他心中的一根刺。提到在读学校时，他总觉得特别没有面子，认为自己永远没有出头之日。他将在大学里学习生活的一切不如意都归咎于高考失利。

- 不愿意跟以前的同学联系，不想被问起自己上的是哪所学校。
- 不愿意跟身边的同学交往，认为跟身边同学理想不一样，没有交流的必要。
- 不愿意跟老师交流，认为就算学习成绩优秀，从这所学校毕业也找不到好工作，没有未来。

于是他独来独往，挂科多门，面临无法毕业的危险。

老师和同学们都很担心他。作为同学，你会如何帮助他？

【分析思考】

实践编号：16-1　　　　**实训时间：＿＿＿＿**

实践主题	16-1　探知认知思维模式
实践步骤	第一步：参考表【1】防御型思维觉察表，了解自己在生活中是否被防御型思维阻碍了自己的成长和发展。 第二步：记录日常生活中产生此类思维的场景和原因。
实践操作页	

【1】　防御型思维觉察表

防御型思维	具体特征或行为表现	是否出现类似的不同程度的想法，打“√”并描述
僵固性思维	■ 面对挑战容易放弃，担心困难的任务会证明自己能力不够 ■ 把批评当作对自己的负面评价 ■ 把他人的成功看作自己的失败，认为说明自己不行	□ □ □
应该思维	■ 觉得同学们都应该对我好 ■ 如果有人对我不好，我就一定要通过努力碾压他 ■ 我应该努力，却无法把注意力集中在做事上 ■ 既然别人觉得应该这样，那我就应该这样 ■ 如果失恋了，就没有人爱我了 ■ 如果老板批评我了，就是我没有能力 ■ 如果他没帮我，他就是坏人 ■ 在某些场合，大家很感动，我也要跟着很感动	□ □ □ □ □ □ □ □
绝对化思维	■ 永久化：最近经常加班，我会觉得工作永远没完没了 ■ 你总是这样，从来不考虑我的感受 ■ 普遍化：所有接近我的人都不可信，都是有目的的；整个世界都对我不公平 ■ 人格化：为什么同事们总是针对我；大家都不帮我，一定是我不够讨人喜欢	□ □ □ □

实践操作页	
【2】 观察记录：	
体验备注	

实践编号：16-2 实训时间：________

实践主题	16-2 培养发展创新思维
实践步骤	第一步：创新思维对话。参考【1】创新思维对话表，与团队成员开展对话或自己与自己对话，并记录答案。 第二步：行动体验记录。从【1】创新思维对话表梳理的可以做的事中，选择一件，尝试行动并记录过程体验。

实践操作页

【1】 创新思维对话表

步骤	你有非常想要实现的突破吗？	如果突破了，你会爱这样的自己吗？	过程总是容易受到哪些方面的影响或阻碍？	控制二分法——分类		你现在能做哪些事去消除这些影响或阻碍（可控部分）？
				目前自己不能控制的部分	现阶段自己可以控制的部分	
样例	提前做完课堂习题后，可以毫不犹豫地提交习题讨论区，大方交流分享	爱	■ 自己对自己能力的不认可 ■ 害怕答案不够完善、有错误 ■ 恐惧出错后，同学、老师会对自己给出糟糕的评价 ■ 自己的失落感和不甘心	■ 他人的评价	■ 自己的认可 ■ 自己的答案质量 ■ 自己的改进升级	■ 专注课堂，寻求老师的帮助，提升答案的正确率 ■ 对知识点有自己的思考拓展，理解分化知识，提高分享的质量 ■ 及时大方认可自己做的好的部分，每次坚定地提交分享、改正错误，都给自己点个赞 ■ 实践体会出错是升级的好机会
实践记录						

实践操作页	
【2】 行动体验记录：	
体验备注	

<（二）项目操作页>

实践编号：16-3　　　　**实训时间：**＿＿＿＿

实践主题	16-3　行动破解认知扭曲
实践步骤	第一步：写下经常困扰你的下意识的想法、认知、思维，填入【1】消极思维应对日志； 第二步：找出认知扭曲，并应用创新思维，提出行动方案； 第三步：尝试行动，记录过程体验。

实践操作页

【1】 消极思维应对日志

步骤	日期	情景	情绪	下意识思维	认知扭曲	理性回应	结果	行动方案
样例	4月3日	在和同学的交流中好像又让对方无话可说了	伤心 80% 愤怒 50% 苦恼 50%	我的沟通好像又变成单向的了，总是失败！	以偏概全	■ 个人心态是平和的，并非想要攻击对方 ■ 可能只是因为语气和措辞的使用不太合适，这个方面应该是可以调整的 ■ 未影响我与人交往、沟通的欲望	苦恼 50% 愤怒 10% 伤心 10%	■ 减少评价性词汇的使用 ■ 运用动词或者行为来进行回应 ■ 不确定的想法，可先征求对方意见，再决定是否发表
实践记录								

实践操作页	
【2】 行动体验记录：	
体验备注	

项目 16　探 知 认 知

(一) 自我管理体验归纳(个人成长)

(二) 自我发展管理评估(管理技能)
■ 自评等级：□A++　□A+　□A　□B ■ 自评说明(A++分享亮点经验;B 分享遇到的困难,共同探讨解决。)

(三) 知行合一行动清单(备忘录)

【说明】在探索过程中,依据个人发展需要,记录日后想要开展的行动内容,并在本页空白处记录行动效果、遇到的实际困难等,以备课堂讨论解决。

序号	行动目标	Why

项目17 管理行为

(一) 实践活动目标

探索应用自我管理工具,了解自己的行为模式,寻找改善行为习惯的方式,并尝试通过行动培养良好的行为习惯,促进个人成长和发展。

(二) 实践活动内容

实践清单	实践目标	成果清单
成长场景分析	觉察习惯	■ 黄金行为清单 ■ 微习惯配方表
17-1 探知成长愿望	明确个人成长目标	
17-2 设计行动地图	寻找匹配黄金行为	
17-3 制定行动方案	启动行动培养习惯	

(三) 实践活动资源

小即大,即使是小事,也有可能带来巨大的改变。

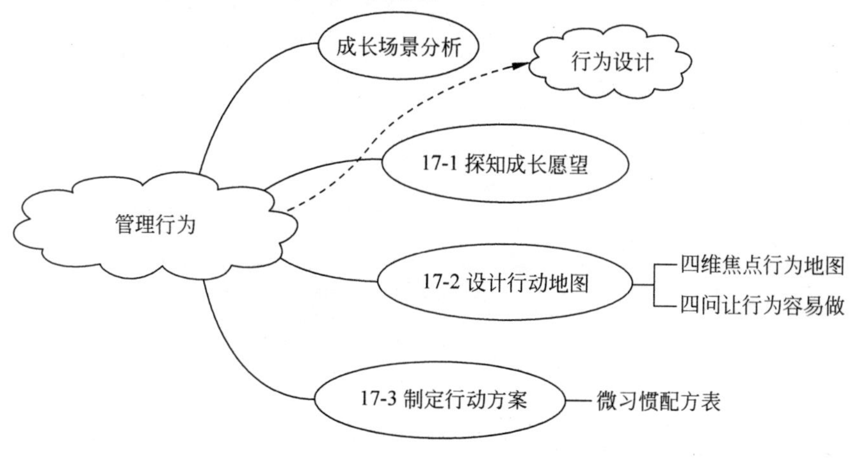

(四) 实践评估说明

本项目实践活动结束后,请在"项目评价页"完成:

■ 应用思维导图,回顾并归纳个人成长体验。

■ 针对个人自我管理技能提升情况,开展自评,分享经验,提出问题,以备讨论解决。

■ 记录过程中发现的有利于个人成长和发展的关键行动点,以备行动指引。

（五）成长场景描述

【场景描述】

王一在同学们的帮助下，调整好心态，认识到一次考试并不能决定一生，未来还有很多次努力和选择的机会，于是想要改善目前的状态，成为更好的自己，但遇到了下列困难：

- 想要调整自己的精神状态，养成早睡早起的习惯，但是早上定了好几个闹钟，还是没有起来。
- 想要专心学习专业知识，多读书，少刷手机，但总是控制不住自己，无法集中精力听讲和学习。
- 想要养成锻炼的习惯，调整自己的精神状态，每天跑5公里，但坚持2天就放弃了。

觉得坚持好难……

老师和同学们都很担心他。作为同学，你会如何帮助他？

【分析思考】

<（二）项目操作页>

实践编号：17-1　　　　**实训时间：＿＿＿＿**

<table>
<tr><td>实践主题</td><td>17-1　探知成长愿望</td></tr>
<tr><td>实践步骤</td><td>第一步：明确愿望或目标，选择其中相对重要且此刻容易入手的 1～2 个（坚持少而精的原则，后续再逐步拓展）；
第二步：思考为什么（与自己对话：为什么首先要实现这个？实现这个对自己的重要意义是什么？可能会达到什么效果？……）</td></tr>
<tr><td colspan="2">实践操作页</td></tr>
<tr><td colspan="2">【1】
<table><tr><td>我的愿望是？</td><td>→</td><td>为什么？</td></tr><tr><td></td><td></td><td></td></tr></table></td></tr>
</table>

任务操作页	
【2】 讨论记录：	
自我评价	□A++ □A+ □A □B 说明：

实践编号：17-2 **实训时间：**________

<table>
<tr><td>实践主题</td><td>17-2　设计行动地图</td></tr>
<tr><td>实践步骤</td><td>第一步：梳理确定“影响程度高且做到可能性大”的行为清单——【1】四维焦点行为地图
■ 梳理做什么行动、养成什么新习惯，或停止什么旧习惯，可以帮助实现愿望。记下来。
■ 按照对于愿望实现的影响程度高低进行纵向排列；按照自己能够做到的可能性预测程度，进行横向调整。
■ 分布在右上区域的行为属于“黄金行为区”，即影响程度高且做到可能性大的行为。
第二步：优化使行为容易做——【2】四问让行为容易做
■ 写入行为清单，思考：从相关技能、工具资源、缩小规模、设置开启指示 4 个角度优化行为，使其更容易做到，如无可跳过。
■ 梳理出更为具体、容易做、有指示的黄金行为，列入最后一列黄金行为区内。</td></tr>
<tr><td colspan="2">实践操作页</td></tr>
</table>

【1】　四维焦点行为地图

梳理有帮助的行为	优化选择关键行为
■ ■ ■	高影响 黄金行为区 无法做到　能够做到 低影响

实践操作页

【2】 四问让行为容易做

黄金行为	1. 有可提升的技能吗？	2. 有可获得的工具资源吗？	3. 可以缩小规模吗？	4. 找到入门指示了吗？	优化后的行为清单

体验备注	

实践编号：17-3 **实训时间：**________

实践主题	17-3　制定行动方案
实践步骤	第一步：微习惯配方。列出老习惯，即原有的非常固定的日常习惯。找到合适的位置插入新习惯，使新的行为更容易做到。 第二步：微庆祝搭配。梳理为自己坚持的发光时刻的庆祝方式，将喜欢的欢乐动作匹配到合适的新行动后，创造欢乐体验，持续激励自己。

实践操作页

【1】 微习惯配方表

列出老习惯

微习惯配方（在老习惯中插入新行为）	搭配庆祝方式

体验备注	

<（二）项目操作页>

实践操作页

列出老习惯

微习惯配方（在老习惯中插入新行为）	搭配庆祝方式

体验备注	

项目17 管理行为

（一）自我管理体验归纳（个人成长）

（二）自我发展管理评估（管理技能）
■ 自评等级：□A＋＋ □A＋ □A □B ■ 自评说明（A＋＋分享亮点经验；B分享遇到的困难，共同探讨解决。）

(三)知行合一行动清单(备忘录)

【说明】在探索过程中,依据个人发展需要,记录日后想要开展的行动内容,并在本页空白处记录行动效果、遇到的实际困难等,以备课堂讨论解决。

序号	行动目标	Why

项目18 管理发展

(一)实践活动目标

探索应用自我管理工具,探索适合自己成长和发展的方向,并应用SMART、SWOT、PDCA等管理工具制订有效的目标和发展行动计划,促进个人成长和发展。

(二)实践活动内容

实践清单	实践目标	成果清单
成长场景分析	探索发展	■ 发展行动计划
18-1 探索个人发展方向	寻找合适的方向	
18-2 规划个人发展目标	明确发展目标	
18-3 制订发展行动计划	确定行动计划	

(三)实践活动资源

个人发展的最大责任人是自己,而不是组织或上司。我们必须学会自我发展,必须知道把自己放在什么样的位置上,才能做出最大的贡献。

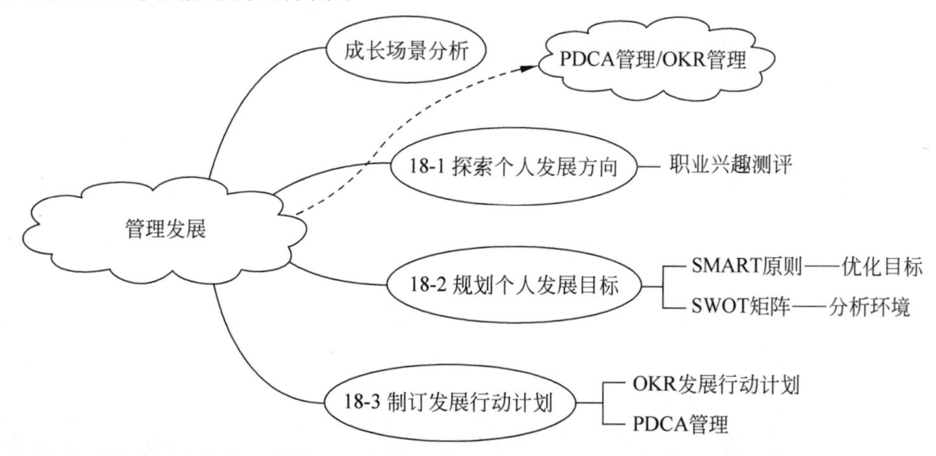

(四)实践评估说明

本项目实践活动结束后,请在"项目评价页"完成:

■ 应用思维导图,回顾并归纳个人成长体验。

■ 针对个人自我管理技能提升情况,开展自评,分享经验,提出问题,以备讨论解决。

■ 记录过程中发现的有利于个人成长和发展的关键行动点,以备行动指引。

(五)成长场景描述
【场景描述】 王一在同学们的帮助下,树立了继续努力突破自己的信心,计划为自己未来的发展不懈努力。 然而,他不知道自己到底喜欢做什么工作,也不确定自己到底适合什么样的工作、什么样的工作环境。 看到其他同学都在根据个人喜好及理想职位的要求,开始紧锣密鼓地学习、考证、提升技能、积累相关经验,他感到非常迷茫和着急,什么都想学却抓不住重点,好像学什么都没有意义,找不到属于自己的努力方向和动力,求职困难。 老师和同学们都很担心他。作为同学,你会如何帮助他? 【分析思考】

实践编号：18-1 **实训时间：**________

<table>
<tr><td>实践主题</td><td>18-1　探索个人发展方向</td></tr>
<tr><td>实践步骤</td><td>第一步：探知个人职业发展兴趣和职业价值观。
第二步：探索其他发展选择。例如，工作方向选择：参考个人职业兴趣、职业价值观；工作环境选择：参考适应能力、情绪稳定性；个人发展方向：参考合作意识、领导力。
工具来源：学职平台的职业测评专栏(https://xz.chsi.com.cn/survey/index.action https://xz.chsi.com.cn/survey/index.action)</td></tr>
<tr><td colspan="2">实践操作页</td></tr>
</table>

【1】 探索维度表

分析维度	测评结果	相关重点关注与个人理解
例：个人职业兴趣	社会型(S) 艺术型(A) 研究型(I) 您的职业兴趣测评类型 技能型(R) 研究型(I) 艺术型(A) 社会型(S) 经营型(E) 常规型(C)	类型：社会型(S) 特点：喜欢从事与人接触的活动。对人慷慨、仁慈，喜欢倾听和关心他人，能敏锐觉察他人的感受。在团队中，乐于与人合作，喜欢和大家一起完成工作。他们关心人胜于关心物，关心他人的福祉；喜欢可以帮助人类的工作。个性温暖、友善，乐于助人，容易与人相处。 生活事例：喜欢参加公益服务类活动，在帮助他人的过程中感到很快乐；喜欢和谐友善的工作和生活环境。
个人职业兴趣		

<（二）项目操作页>

分析维度	测评结果	相关重点关注与个人理解
个人职业价值观		
适应能力		

<（二）项目操作页>

分析维度	测评结果	相关重点关注与个人理解
情绪稳定性		
合作意识		
领导力		

【2】 讨论记录：

体验备注	

实践编号：18-2　　　　**实训时间：**________

实践主题	18-2　规划个人发展目标
实践步骤	第一步：结合个人兴趣、价值观等，制定个人发展目标，并应用 SMART 工具优化目标； 第二步：应用 SWOT 矩阵工具分析个人发展环境，梳理优势和机会。
实践操作页	

【1】 探索制定个人发展目标

周期	初步发展目标	SMART 优化目标
1～3 年 （本阶段）		
3～5 年		
5～10 年		
10～20 年		

体验备注	

实践操作页		
【2】 基于本期目标的 SWOT 环境分析		
	S 优势	W 劣势
内部环境(个人特质、优势才干、知识、技能、素质等)	1. 2. 3. ⋮	1. 2. 3. ⋮
	O 机会	T 威胁
外部环境(家庭、学校、行业、社会等)	1. 2. 3. ⋮	1. 2. 3. ⋮
体验备注		

实践编号：18-3 　　　　**实训时间：**________

实践主题	18-3　制订发展行动计划
实践步骤	第一步：结合个人本阶段发展目标，分解目标，对应明确关键成果。 第二步：制订与目标对应的行动计划，应用 PDCA 进行管理。 第三步：实施计划，填写“自我评价”，周期反馈改进，促进个人持续成长和发展。
实践操作页	

发展行动计划

序号	本期目标的分解			对应行动规划（PDCA 管理）			自我评价
	时间	小目标 O （需 SMART）	关键成果 KR （衡量目标实现的标准）	具体行动计划 DO	可能存在的困难	所需资源、支持或解决方法	
1							
2							
3							

序号	本期目标的分解			对应行动规划（PDCA 管理）			自我评价
	时间	小目标 O（需 SMART）	关键成果 KR（衡量目标实现的标准）	具体行动计划 DO	可能存在的困难	所需资源、支持或解决方法	
4							
5							
6							

体验备注	

项目18 管理发展

(一) 自我管理体验归纳(个人成长)
(二) 自我发展管理评估(管理技能)
■ 自评等级：□A++　□A+　□A　□B ■ 自评说明(A++分享亮点经验;B分享遇到的困难,共同探讨解决。)

（三）知行合一行动清单（备忘录）

【说明】在探索过程中，依据个人发展需要，记录日后想要开展的行动内容，并在本页空白处记录行动效果、遇到的实际困难等，以备课堂讨论解决。

序号	行动目标	Why

项目19 管理时间

(一)实践活动目标

探索应用自我管理工具,了解自己的时间分配情况,并尝试应用时间管理方法管理自己的时间,集中精力做好重要的事情,促进个人成长和发展。

(二)实践活动内容

实践清单	实践目标	成果清单
成长场景分析	觉察时间	■ 时间管理行动清单
19-1 记录自己的时间	了解自己的时间	
19-2 探知时间的分配	了解时间的分配	
19-3 管理自己的时间	管理时间的分配	

(三)实践活动资源

时间是最为宝贵的资源,如果我们不能管理时间,便什么都不能管理。

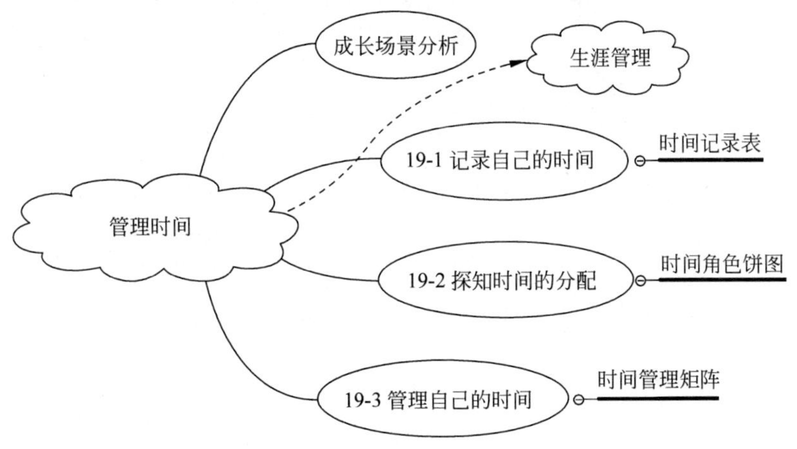

(四)实践评估说明

本项目实践活动结束后,请在"项目评价页"完成:

■ 应用思维导图,回顾并归纳个人成长体验。

■ 针对个人自我管理技能提升情况,开展自评,分享经验,提出问题,以备讨论解决。

■ 记录过程中发现的有利于个人成长和发展的关键行动点,以备行动指引。

(五) 成长场景描述

【场景描述】

王一在同学们的帮助下，意识到自己可以通过继续努力获得更多的成长，争取更好的发展，于是想要迎头赶上。

他想要每天去图书馆读书拓展视野、每天坚持背单词通过英语考级，想多参加几个社团来多交朋友，想多参加几个大赛争取获奖，还想认真学习专业课拿奖学金……

但是经过一段时间，他发现自己想要做的事情太多，常常筋疲力尽一天，却感到什么都没有做好，总是把很多重要的事情拖延了，导致每天都在应急，非常被动。他感到很沮丧。

老师和同学们都很担心他。作为同学，你会如何帮助他？

【分析思考】

实践编号：19-1　　　　**实训时间：**＿＿＿＿

实践主题	19-1　记录自己的时间
实践步骤	参照【1】时间记录表，记录自己的时间。（可在附录 4 时间记录表中长期记录，坚持 1 个月。）
实践操作页	

【1】　时间记录表

序号	日期	星期	类别	活动内容	小时数	备忘	心情
1							
2							
3							
4							
5							

序号	日期	星期	类别	活动内容	小时数	备忘	心情
6							
7							
8							
9							
10							
11							
12							
体验备注							

实践编号：19-2 **实训时间：**______

实践主题	19-2　探知时间的分配
实践步骤	第一步：梳理自己在生活中承担的角色。（参考：工作者、学习者、休闲者、社会公民、父母、子女、朋友……） 第二步：绘制角色饼图，明确本阶段实际时间比例分配情况和理想中的分配情况。 第三步：对比分析，你有什么发现？你觉得重心角色是投入过多，还是过少？哪些因素妨碍了你将各角色的分配达到理想状态？ 第四步：要想达到理想状态，接下来具体可以做些什么？（行动计划）

实践操作页

【1】　你所承担的生活角色类型包括：______

【2】　你的时间分配现状与理想

角色	现实比例	理想比例
合计		

实践操作页	
【3】 时间角色饼图 A：现实版角色饼图　　　　B：理想版角色饼图	
体验备注	

实践编号：19-3 **实训时间：**____

实践主题	19-3　管理自己的时间
实践步骤	第一步：梳理目前需要开展的活动，按照【1】时间管理矩阵分为四类填写。 第二步：讨论思考四类活动的差异，如何处理四类活动更为高效？制定行动方案。 （重点：如何行动，应用哪些管理方法可预防将“重要但不紧急”拖延为“重要且紧急”，集中精力做好重要的事，促进个人发展。）
实践操作页	

【1】　时间管理矩阵

重要

重要但不紧急	重要且紧急
不重要且不紧急	不重要但紧急

不紧急　　紧急

不重要

实践操作页	
【2】 讨论记录：	
体验备注	

项目19 管理时间

(一)自我管理体验归纳(个人成长)

(二)自我发展管理评估(管理技能)
■ 自评等级:□A++ □A+ □A □B
■ 自评说明(A++分享亮点经验;B分享遇到的困难,共同探讨解决。)

(三) 知行合一行动清单(备忘录)

【说明】在探索过程中,依据个人发展需要,记录日后想要开展的行动内容,并在本页空白处记录行动效果、遇到的实际困难等,以备课堂讨论解决。

序号	行动目标	Why

附　录

说　明

本部分主要包括需要长期坚持使用的表单，并附样例、填写说明，便于持续填写应用。

目　录

附 录 1

盖洛普测评 34 项才干优势简介

1. 学习

战略思维

学习能力强的人有旺盛的求知欲，渴望不断提高自我。令他们激动的是求知的过程而非结果。

2. 交往

关系建立

交往能力强的人喜欢人际间的亲密关系。他们最大的满足是与朋友一道为实现一个目标而共同努力。

3. 伯乐

关系建立

“伯乐”才干主题突出的人善于发现并培养他人的潜能。他们能够察觉他人任何微小的进步，并从中获得满足感。

4. 积极

关系建立

积极的人浑身充满了富有感染力的热情。他们乐观向上，并能感召周围的人。

5. 责任

执行力

责任心强的人言而有信。他们信奉诚实、忠诚等可靠的价值观。

6. 关联

关系建立

“关联”才干主题突出的人深信世间万物都彼此关联。他们相信，世间没有巧合，凡事必有成因。

7. 搜集

战略思维

“搜集”才干主题突出的人喜欢搜集和整理。他们可能会积累信息、观点、标志品，甚至是关系。

8. 审慎

执行力

“审慎”才干主题突出的人每做一个决定或选择时均慎之又慎。他们会设想所有可能遇到的困难。

9. 公平

执行力

公平心强的人深知应平等待人。他们希望有固定的章程以及清晰的规则和程序，每个人都可以遵循。

10. 体谅

关系建立

"体谅"才干主题突出的人能够设身处地地体会他人的感受。

11. 个别

关系建立

"个别"才干主题突出的人对每个人的独有特质兴趣盎然。他们善于发现令个性迥异的人一起高效共事的方法。

12. 成就

执行力

"成就"才干主题突出的人大都兢兢业业，锲而不舍。他们乐于忙忙碌碌并有所作为。

13. 统筹

执行力

统筹力强的人具备组织能力，同时兼具与之互补的灵活性。他们善于合理安排现有资源以实现最大功效。

14. 分析

战略思维

分析能力强的人喜欢探究事物的来龙去脉。他们有能力思考可能影响局面的诸多因素。

15. 包容

关系建立

包容力强的人善于接纳他人。他们关心那些被忽略的人，并努力让这些人融入集体。

16. 和谐

关系建立

"和谐"才干主题突出的人渴求协调一致。他们避免冲突，寻求共识。

17. 思维

战略思维

思维能力较强的人最大的特点是善于思考。他们勤于自省，敏于探讨。

18. 适应

关系建立

适应力强的人倾向于"随大流"。他们活在"当下"，接受现实，随遇而安。

19. 专注

执行力

专注力强的人能够确定方向，贯彻始终，必要时又能做出调整以确保踏上正轨。他们先确定重点，再着手行动。

20．理念

战略思维

“理念”才干主题突出的人痴迷于各种奇思妙想。他们能够从看似毫无关联的现象中找到彼此之间的联系。

21．行动

影响力

“行动”才干主题突出的人能够将想法付诸行动。他们想立刻付诸行动，而不只是高谈阔论。

22．前瞻

战略思维

对于有较强前瞻力的人而言，未来令他们心潮澎湃。他们对未来的憧憬激励着周围的人。

23．战略

战略思维

“战略”才干主题突出的人足智多谋。任何情形下，他们都能迅速找出相关的规律和要点。

24．纪律

执行力

纪律性强的人做事井然有序、有章有法。他们建立规则，遵章守纪。

25．信仰

执行力

有强烈信仰的人拥有某种永恒不变的核心价值观，并由此形成明确的生活目标。

26．排难

执行力

“排难”才干主题突出的人是解决问题的行家里手。他们善于发现问题并解决问题。

27．追求

影响力

“追求”才干主题突出的人希望产生巨大的影响力。他们行事独立，而且会根据项目对公司或周围人的影响大小进行优先级排序。

28．自信

影响力

自信心强的人对他们冒险和应对生活的能力充满信心。他们内心有自己的处世准则，做决定时成竹在胸。

29. 完美

影响力

"完美"才干主题突出的人专注于优势,以激励个人和团体追求卓越。他们力求完美,精益求精。

30. 取悦

影响力

"取悦"才干主题突出的人喜欢结交新人并博取其欢心。他们能够在人际交往中打破沉默,与他人建立联系,并从中得到满足。

31. 统率

影响力

统率力强的人有大将风度。他们运筹帷幄,指挥若定。

32. 回顾

战略思维

"回顾"才干主题突出的人喜欢追溯从前。他们通过思考过去来了解现状。

33. 竞争

影响力

竞争性强的人参照他人的表现来衡量自身的进步。他们力争第一,陶醉于竞争的喜悦中。

34. 沟通

影响力

沟通能力强的人善于用言辞表达他们的想法。他们善于与人交谈,擅长讲解事物。

附 录 2

PDP 领导风格测评表

【测试】你属于哪一类风格的领导者？

老虎、孔雀、猫头鹰、考拉还是变色龙？

1. 回答以下问题：

- 如果答案是非常同意，请给自己打 5 分；
- 如果是比较同意，则打 4 分；
- 如果是差不多，打 3 分；
- 如果只是有一点儿同意，请打 2 分；
- 如果答案是不同意，就打 1 分。

2. 提醒你注意一点

回答问题时不要依据他人眼中的你来判断，而是你认为你本质上是不是这样的：

	不同意	有一点儿同意	差不多	比较同意	非常同意
1. 你是一个值得信赖的人	1	2	3	4	5
2. 你个性温和	1	2	3	4	5
3. 你富有活力	1	2	3	4	5
4. 你善解人意	1	2	3	4	5
5. 你很独立	1	2	3	4	5
6. 你受人爱戴	1	2	3	4	5
7. 你做事认真且正直	1	2	3	4	5
8. 你富有同情心	1	2	3	4	5
9. 你很有说服力	1	2	3	4	5
10. 你很大胆	1	2	3	4	5
11. 你很精确	1	2	3	4	5
12. 你适应能力强	1	2	3	4	5
13. 你组织能力强	1	2	3	4	5
14. 你积极主动	1	2	3	4	5
15. 你很害羞	1	2	3	4	5
16. 你很强势	1	2	3	4	5
17. 你很镇定	1	2	3	4	5
18. 你勇于学习	1	2	3	4	5
19. 你反应很快	1	2	3	4	5
20. 你很外向	1	2	3	4	5
21. 你注意细节	1	2	3	4	5
22. 你爱说话	1	2	3	4	5
23. 你的协调能力强	1	2	3	4	5

续表

	不同意	有一点儿同意	差不多	比较同意	非常同意
24. 你很勤劳	1	2	3	4	5
25. 你很慷慨	1	2	3	4	5
26. 你总是小心翼翼	1	2	3	4	5
27. 你令人愉快	1	2	3	4	5
28. 你很传统	1	2	3	4	5
29. 你很亲切	1	2	3	4	5
30. 你工作很有效率	1	2	3	4	5

判断规则：

- 把第 5、10、14、18、24、30 题的得分加起来就是你的“老虎”分数；
- 把第 3、6、13、20、22、29 题的得分加起来就是你的“孔雀”分数；
- 把第 2、8、15、17、25、28 题的得分加起来就是你的“考拉”分数；
- 把第 1、7、11、16、21、26 题的得分加起来就是你的“猫头鹰”分数；
- 把第 4、9、12、19、23、27 题的得分加起来就是你的“变色龙”分数。

附　录　3

OKR 自我管理表

第一步：OKR 制定

<table>
<tr><td colspan="3">★OKR 共同商定环节★
编制时间：　　年　　月　　日</td></tr>
<tr><td rowspan="2">why</td><td>O</td><td>KR</td></tr>
<tr><td>O(objective)：
你想做什么事情？
（定性的：挑战性/操作性目标）</td><td>KR(key results)：
如何确认或者衡量是否做到了？
（定量的：成果或质量标准）</td></tr>
<tr><td rowspan="3"></td><td rowspan="3"></td><td></td></tr>
<tr><td></td></tr>
<tr><td></td></tr>
<tr><td rowspan="3"></td><td rowspan="3"></td><td></td></tr>
<tr><td></td></tr>
<tr><td></td></tr>
</table>

周行动计划与反馈表(预计每周 1 页,两个月 8 页)

(一)填写图例说明

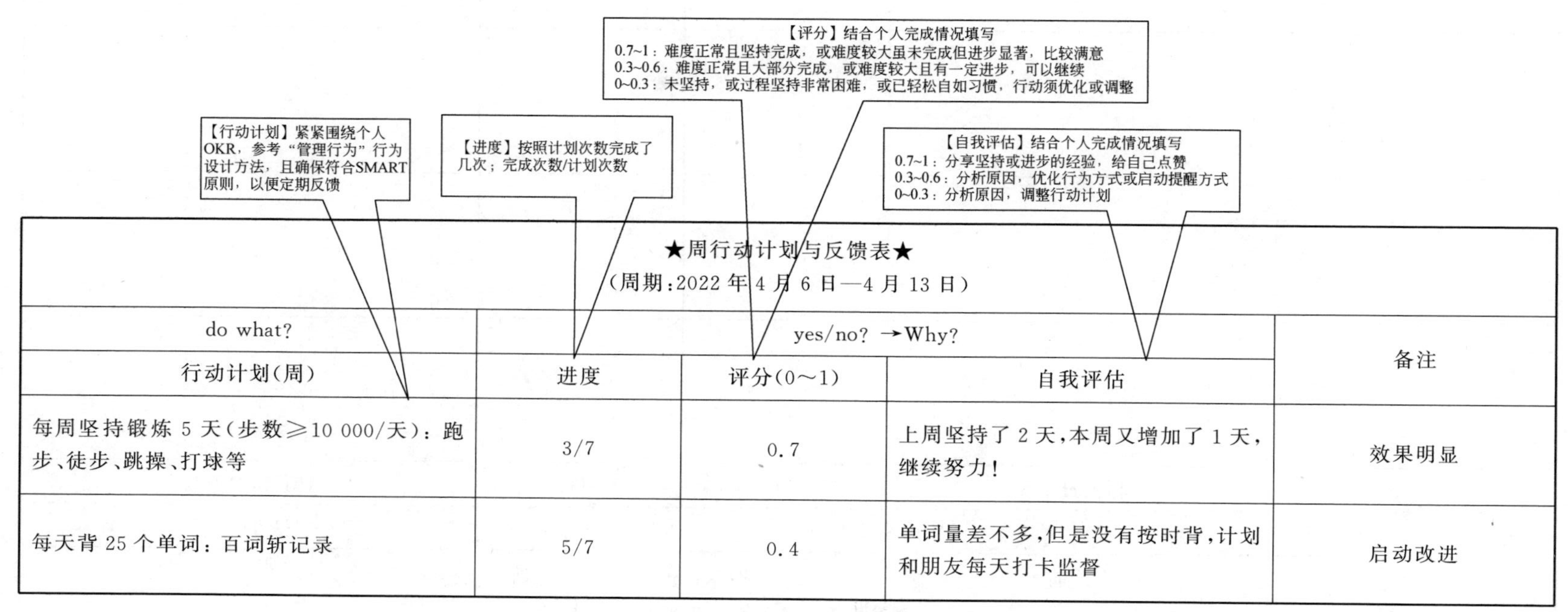

【行动计划】紧紧围绕个人OKR，参考“管理行为”行为设计方法，且确保符合SMART原则，以便定期反馈
【进度】按照计划次数完成了几次；完成次数/计划次数
【评分】结合个人完成情况填写
0.7~1：难度正常且坚持完成，或难度较大虽未完成但进步显著，比较满意
0.3~0.6：难度正常且大部分完成，或难度较大且有一定进步，可以继续
0~0.3：未坚持，或过程坚持非常困难，或已轻松自如习惯，行动须优化或调整
【自我评估】结合个人完成情况填写
0.7~1：分享坚持或进步的经验，给自己点赞
0.3~0.6：分析原因，优化行为方式或启动提醒方式
0~0.3：分析原因，调整行动计划

★周行动计划与反馈表★

(周期:2022 年 4 月 6 日—4 月 13 日)

do what?	yes/no? →Why?			备注
行动计划(周)	进度	评分(0～1)	自我评估	
每周坚持锻炼 5 天(步数≥10 000/天)：跑步、徒步、跳操、打球等	3/7	0.7	上周坚持了 2 天,本周又增加了 1 天,继续努力!	效果明显
每天背 25 个单词：百词斩记录	5/7	0.4	单词量差不多,但是没有按时背,计划和朋友每天打卡监督	启动改进

（二）填写模板

★周行动计划与反馈表★ （周期：　　年　月　日—　　年　月　日）				
do what?	yes/no? →Why?			备注
行动计划（周）	进度	评分（0～1）	自我评估	

★周行动计划与反馈表★

（周期：　　　年　　月　　日—　　　年　　月　　日）

do what?	yes/no? →Why?			备注
行动计划(周)	进度	评分(0～1)	自我评估	

★周行动计划与反馈表★

（周期：　　　年　　月　　日—　　　年　　月　　日）

do what?	yes/no? →Why?			备注
行动计划(周)	进度	评分(0～1)	自我评估	

★周行动计划与反馈表★

（周期：　　年　月　日—　　年　月　日）

do what?	yes/no? →Why?			备注
行动计划(周)	进度	评分(0～1)	自我评估	

★周行动计划与反馈表★

（周期：　　年　月　日—　　年　月　日）

do what?	yes/no? →Why?			备注
行动计划(周)	进度	评分(0～1)	自我评估	

★周行动计划与反馈表★

（周期：　　　年　　月　　日—　　　年　　月　　日）

do what?	yes/no? →Why?			备注
行动计划(周)	进度	评分(0～1)	自我评估	

★周行动计划与反馈表★

（周期：　　　年　　月　　日—　　　年　　月　　日）

do what?	yes/no? →Why?			备注
行动计划(周)	进度	评分(0～1)	自我评估	

★周行动计划与反馈表★

（周期：　　　年　　月　　日—　　　年　　月　　日）

do what?	yes/no? →Why?			备注
行动计划(周)	进度	评分(0～1)	自我评估	

★周行动计划与反馈表★

（周期：　　年　　月　　日—　　年　　月　　日）

do what?	yes/no? →Why?			备注
行动计划(周)	进度	评分(0～1)	自我评估	

附 录 4

时间记录表

（预估两天 1 页，一个月 15 页）

（一）填写图例说明

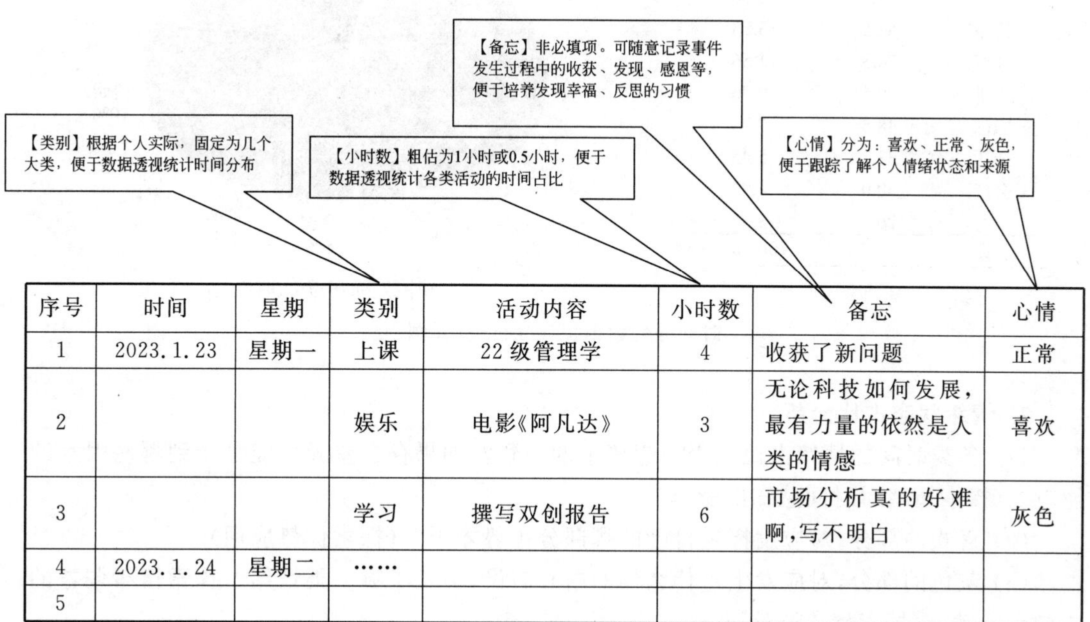

序号	时间	星期	类别	活动内容	小时数	备忘	心情
1	2023.1.23	星期一	上课	22 级管理学	4	收获了新问题	正常
2			娱乐	电影《阿凡达》	3	无论科技如何发展，最有力量的依然是人类的情感	喜欢
3			学习	撰写双创报告	6	市场分析真的好难啊，写不明白	灰色
4	2023.1.24	星期二	……				
5							

（二）统计图例说明

1. 时间分配占比分析

（1）现实中的时间分配与自己认为的时间分配是否一致？存在差异的部分可能是受到什么影响？（探索情绪对时间感知的影响）

（2）现实中的时间分配与理想中的时间分配是否一致？存在差异的部分可能是受到什么习惯的影响？如何调整更符合自己的发展预期？（探索防御型思维及情绪影响）

类别	时长/小时	占比/%
创作	136.0	22.31
工作	129.0	21.16
公益	82.5	13.53
分享	70.5	11.56
科研	59.5	9.76
培训	48.5	7.95
杂活	33.2	5.45
会议	30.0	4.92
学习	20.5	3.36
总计	609.7	100.00

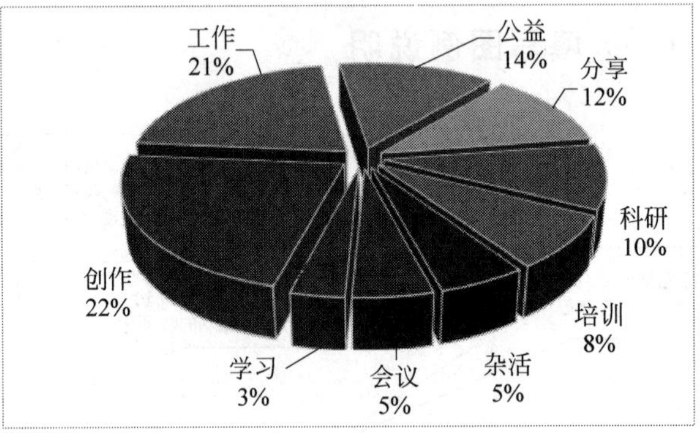

注：图中数字四舍五入取整数。

时间分配数据统计分析图（样例）

2. 情绪状态占比分析

（1）各类时间的情绪占比是否与想象中的一致？如果存在差异可能是受到哪些因素的影响？（探索情绪对时间感知的影响）

（2）喜欢的部分，对应发挥过自己的哪部分优势才干？（探索优势应用）

（3）灰色的部分，对应发生过什么样的内心假设，引发了哪一类情绪？探索情绪调整的方向和行动。（探索情绪调整）

类别	喜欢	正常	灰色
创作	21.36%	34.12%	0.00%
工作	31.07%	0.71%	0.00%
公益	18.08%	2.84%	7.02%
分享	8.01%	10.66%	39.47%
科研	3.64%	30.21%	3.51%
培训	9.95%	4.62%	1.75%
杂活	3.16%	8.32%	14.91%
会议	0.00%	7.82%	33.33%
学习	4.73%	0.71%	0.00%
总计	100.00%	100.00%	100.00%

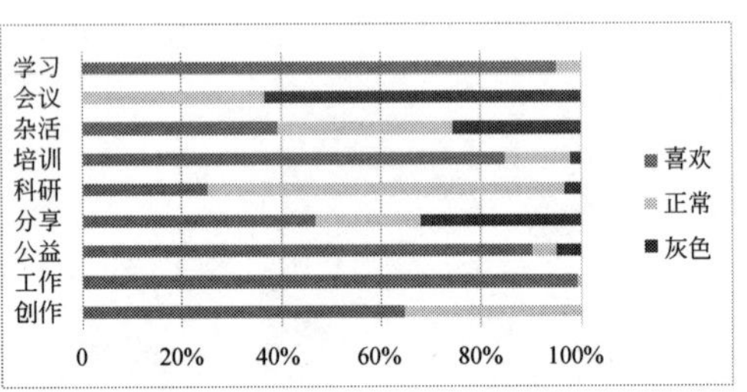

情绪状态数据统计分析图（样例）

时间记录表

序号	时间	星期	类别	活动内容	小时数	备忘	心情
1							
2							
3							
4							
5							
6							

时间记录表

序号	时间	星期	类别	活动内容	小时数	备忘	心情
1							
2							
3							
4							
5							
6							

时间记录表

序号	时间	星期	类别	活动内容	小时数	备忘	心情
1							
2							
3							
4							
5							
6							

时间记录表

序号	时间	星期	类别	活动内容	小时数	备忘	心情
1							
2							
3							
4							
5							
6							

时间记录表

序号	时间	星期	类别	活动内容	小时数	备忘	心情
1							
2							
3							
4							
5							
6							

时间记录表

序号	时间	星期	类别	活动内容	小时数	备忘	心情
1							
2							
3							
4							
5							
6							

时间记录表

序号	时间	星期	类别	活动内容	小时数	备忘	心情
1							
2							
3							
4							
5							
6							

时间记录表

序号	时间	星期	类别	活动内容	小时数	备忘	心情
1							
2							
3							
4							
5							
6							

时间记录表

序号	时间	星期	类别	活动内容	小时数	备忘	心情
1							
2							
3							
4							
5							
6							

时间记录表

序号	时间	星期	类别	活动内容	小时数	备忘	心情
1							
2							
3							
4							
5							
6							

时间记录表

序号	时间	星期	类别	活动内容	小时数	备忘	心情
1							
2							
3							
4							
5							
6							

时间记录表

序号	时间	星期	类别	活动内容	小时数	备忘	心情
1							
2							
3							
4							
5							
6							

时间记录表

序号	时间	星期	类别	活动内容	小时数	备忘	心情
1							
2							
3							
4							
5							
6							

时间记录表

序号	时间	星期	类别	活动内容	小时数	备忘	心情
1							
2							
3							
4							
5							
6							

时间记录表

序号	时间	星期	类别	活动内容	小时数	备忘	心情
1							
2							
3							
4							
5							
6							

时间记录表

序号	时间	星期	类别	活动内容	小时数	备忘	心情
1							
2							
3							
4							
5							
6							

时间记录表

序号	时间	星期	类别	活动内容	小时数	备忘	心情
1							
2							
3							
4							
5							
6							

附　录　5

项目设计参考资源

项目名称	编号	管理工具/方法	重点参考书目/文献资料	关联项目	备注
一、管理工作					
1. 认知管理	1-1 1-2	团队组建方案表			
	1-3	问卷调查法			
2. 认知管理者	2-1	管理者品质梳理提炼表			
	2-2	访谈提纲			
	2-3	访谈提纲			
3. 认知社会责任	3-1	社会责任梳理表			
	3-2	社会需求痛点梳理表			
	3-3	目标行业人才需求梳理表		18	
4. 分析环境	4-1	环境因素梳理表	管理学经典教材		
	4-2	竞品对比表			
	4-3	SWOT 矩阵图	管理学经典教材	14/18	
5. 进行决策	5-1	盈亏平衡分析法	管理学经典教材		
	5-2	决策树法	管理学经典教材		
	5-3	决策平衡单	生涯规划师(古典主编,江苏凤凰科学技术出版社) 生涯咨询的 99 个关键点与技巧(李枢著,机械工业出版社)	18	
6. 设定目标	6-1 6-2	SMART 优化图 OKR 制定表 创业项目目标梳理表	管理学经典教材 这就是 OKR([美]约翰・杜尔著,中信出版社) OKR 工作法([美]克里斯蒂娜・沃特克著,中信出版社)		
	6-3	就业发展目标梳理表		14/18	

续表

项目名称	编号	管理工具/方法	重点参考书目/文献资料	关联项目	备注
7. 制订计划	7-1	重点工作任务清单 工作计划表—5W2H	管理学经典教材	6-1	
	7-2	项目重点工作任务清单 项目计划表 时间进度表	管理学经典教材	6-2 19	
	7-3	发展行动清单 周行动计划表	福格行为模型([美]B. J. 福格著,湛庐文化/天津科技出版社) 这就是 OKR([美]约翰·杜尔著,中信出版社) OKR 工作法([美]克里斯蒂娜·沃特克著,中信出版社)	6-3 17/18/19	
8. 组织设计	8-1 8-2	部门职责分工表 部门设置与职责梳理表	管理学经典教材	7-1 8-1	
	8-3	个人发展资源导图	生涯规划师(古典主编,江苏凤凰科学技术出版社) 生涯咨询的 99 个关键点与技巧(李枢著,机械工业出版社)	18	
9. 岗位分工	9-1 9-2	岗位设置与分工梳理表 就业岗位梳理表		8-1 8-2	
	9-3	岗位“任职要求—技能提升”梳理表	生涯规划师(古典主编,江苏凤凰科学技术出版社) 生涯咨询的 99 个关键点与技巧(李枢著,机械工业出版社)	17/18	
10. 绩效评价	10-1	干部履职能力评价表			
	10-2	360°工作绩效评价表	绩效管理实务(李宝莹主编,中国人民大学出版社)	7-2	
	10-3	周行动计划与反馈表	这就是 OKR([美]约翰·杜尔著,中信出版社) OKR 工作法([美]克里斯蒂娜·沃特克著,中信出版社)	7-3 18	
11. 过程控制	11-1	6S 管理清单	管理学经典教材		
	11-2	PDCA 管理流程梳理表	管理学经典教材	6/7/10/18	
	11-3	OKR 管理流程梳理表	这就是 OKR([美]约翰·杜尔著,中信出版社) OKR 工作法([美]克里斯蒂娜·沃特克著,中信出版社)		

续表

项目名称	编号	管理工具/方法	重点参考书目/文献资料	关联项目	备注
12. 激励员工	12-1	员工激励案例	管理学经典教材		
	12-2	团队激励方案表	管理学经典教材		
	12-3	个人成长激励梳理表	福格行为模型([美]B. J. 福格著,湛庐文化/天津科技出版社)	17	
13. 领导团队	13-1	领导风格分析表	管理学经典教材	16	
	13-2	团队人才培养方案表		14/15/16	
	13-3	PDP 测评结果分析表		14/18	
二、管理自我					
14. 探知优势	14-1	优势三联表	积极心理学治疗手册([加]塔亚布·拉希德/[美]马丁·塞利格曼著,中信出版社) 盖洛普:优势识别器 2.0([美]汤姆·拉思著,中国青年出版社)		
	14-2	优势应用线索表			
	14-3	优势转盘			
15. 探知情绪	15-1	情绪来源饼图	生涯规划师(古典主编,江苏凤凰科学技术出版社)		
	15-2	心理免疫 X 光四联表	了不起的我:自我发展的心理学(陈海贤著,台海出版社)		
	15-3	奇迹提问表 快乐预测表	超越奇迹:焦点解决短期治疗([美]史蒂夫·德·沙泽尔/[美]伊冯·多兰/[美]哈里·科尔曼著,重庆大学出版社) 伯恩斯新情绪疗法([美]戴维·伯恩斯著,科学技术文献出版社) 效率脑科学([美]戴维·罗克著,人民邮电出版社)		
16. 探知认知	16-1	防御型思维觉察表	了不起的我:自我发展的心理学(陈海贤著,台海出版社)		
	16-2	创新思维对话表			
	16-3	消极思维应对日志	伯恩斯新情绪疗法([美]戴维·伯恩斯著,科学技术文献出版社)		
17. 管理行为	17-1	目标确认	福格行为模型([美]B. J. 福格著,湛庐文化/天津科技出版社) 微习惯([美]斯蒂芬·盖斯著,江西人民出版社) 掌控习惯([美]詹姆斯·克利尔著,北京联合出版公司)		
	17-2	四维焦点行为地图 四问让行为容易做			
	17-3	微习惯配方表			

续表

项目名称	编号	管理工具/方法	重点参考书目/文献资料	关联项目	备注
18. 管理发展	18-1	职业兴趣测评	学职平台(https://xz.chsi.com.cn/survey/index.action)		
	18-2	用 SMART 原则优化目标 用 SWOT 矩阵分析环境	管理学经典教材	4/6	
	18-3	OKR 发展行动计划	这就是 OKR([美]约翰·杜尔著,中信出版社) OKR 工作法([美]克里斯蒂娜·沃特克著,中信出版社)	6/7/11	
19. 管理时间	19-1	时间记录表	生涯规划师(古典主编,江苏凤凰科学技术出版社) 生涯咨询的 99 个关键点与技巧(李枢著,机械工业出版社) 伯恩斯新情绪疗法([美]戴维·伯恩斯著,科学技术文献出版社)		
	19-2	时间角色饼图			
	19-3	时间管理矩阵	管理学经典教材		

教师服务

感谢您选用清华大学出版社的教材！为了更好地服务教学，我们为授课教师提供本书的教学辅助资源，以及本学科重点教材信息。请您扫码获取。

教辅获取

本书教辅资源，授课教师扫码获取

样书赠送

企业管理类重点教材，教师扫码获取样书

清华大学出版社

E-mail: tupfuwu@163.com

电话：010-83470332 / 83470142

地址：北京市海淀区双清路学研大厦 B 座 509

网址：http://www.tup.com.cn/

传真：8610-83470107

邮编：100084